職場小白
也能學會的投資術

小資起手式

用ETF、預算管理與收支平衡
擺脫月光焦慮,建立穩固財務體質

遠略智庫 著

財務自由不靠運氣,而靠可複製的系統思維
用策略與紀律,打造你專屬的個人資產架構

目錄

序言
金錢，不只是財富，而是你人生選擇的起點　　005

使用說明書
這不是一本看完就放下的書，而是一張你的
人生財務地圖　　011

第一章
金錢這回事，先搞懂再談夢想　　017

第二章
薪水有限，規劃無限：從第一份薪水開始理財　　047

第三章
認識風險與報酬：投資不等於賭博　　075

目錄

第四章
常見投資工具入門　　103

第五章
新手避坑指南：別讓自己成為韭菜　　131

第六章
理財不只有投資：保險、稅務與現金流　　159

第七章
打造屬於你的理財系統　　193

第八章
從小錢變大錢：打造長期財富的心法　　229

第九章
理財是自我成長的過程　　267

第十章
打造你自己的財富藍圖　　299

序言
金錢，不只是財富，而是你人生選擇的起點

「我賺的錢，總是不夠用。」

「薪水再高，也存不到錢。」

「理財好像很重要，但我從哪裡開始？」

你是否也曾有過這些疑問？或者，這些話，曾經出現在你與朋友的深夜對話、與自己對生活不安時的心聲中？

在這個物價上漲、生活節奏加快的時代，金錢成了我們生活中最真實也最敏感的話題。不論你收入多少、學歷多高、職業再穩定，只要沒有掌握基本的財務思維與行動架構，焦慮就會如影隨形。

更困難的是，理財書太多、意見太雜，金融工具太複雜，讓多數人反而不知道怎麼開始。

這本書，正是寫給「你想開始，卻不知道怎麼開始」的你。

序言　金錢，不只是財富，而是你人生選擇的起點

◎理財不是為了變成有錢人，而是為了不再對生活感到無力

在多年的理財教學與訪談中，我發現一個共同點：會來問理財問題的人，大多不是「沒錢」的人，而是「想過更有掌控感的生活」的人。

他們可能月薪三萬，也可能月薪十萬；可能是剛出社會的小資族，也可能是三十幾歲的斜槓媽媽；但共通點是，他們開始意識到──賺錢，和管理錢，是兩件事。

沒有人天生懂得理財，也沒有人注定無法財務自由。只要你懂得「設計金錢流動的方式」，就能開始與錢建立健康的關係。這段關係，會影響你如何看待選擇、如何面對風險，甚至如何看待自己。

◎小資，不等於受限；而是從有限中找到主動權

很多人以為「理財是有錢人的事」，但事實上，越早開始理財的人，往往是資產增長最快的人。

如果你是剛出社會的新鮮人、每月薪水只有三四萬、還背負學貸或租金壓力，這本書要告訴你：你不需要變天才才能變富，你只需要一套行動架構，穩穩走五年，人生就會完全不同。

理財不在於起點高低，而在於你是否願意開始。

你願意開始記錄每一筆花費嗎？

你願意設定目標，而不是只是「想變有錢」嗎？

你願意每月拿出一小筆錢,為未來的你儲備自由嗎?

如果你願意,這本書會給你一張地圖 —— 讓你知道往哪裡走、怎麼走、遇到困難時怎麼繞過去。

◎本書不是教你「快速致富」,而是幫你打造「財務節奏」

在寫這本書的過程中,我下了一個決定:不教投機、不用艱深術語、不推銷金融商品,而是教你:

- ◆ 如何用記帳建立覺察
- ◆ 如何制定屬於你的收支比與儲蓄比
- ◆ 如何用簡單工具(例如定期定額、財務儀表板)管理資產
- ◆ 如何將夢想轉化為財務目標,並搭配時間規劃執行
- ◆ 如何打造一張屬於你自己的「財富策略圖」

你會發現,理財其實可以很簡單,簡單到像每天刷牙一樣,變成你生活的一部分。當理財不再是焦慮來源,而是讓你安心的日常流程,那一刻,你已經邁向財務自由的第一步。

◎住在臺灣的你,值得一本說「你生活的話」的理財書

市面上許多理財書籍翻譯自歐美經典,但語境不同、制度不同、生活節奏也不同。

本書特別根據臺灣當代小資族的真實經驗與案例出發,融合記帳 App 使用習慣、臺灣房價現況、年金制度、勞保結構、市場投資工具(如 0050、ETF、儲蓄險等),為你量身打

序言　金錢，不只是財富，而是你人生選擇的起點

造一本從生活出發的理財起手式。

書中每一章，都會搭配案例說明，不論是行銷人、工程師、社工師、自媒體經營者，他們如何從月光到月盈、如何從 0 資產到買下人生第一間房，這些都不是「別人做得到我做不到」的故事，而是你我都能開始的行動縮影。

◎一本書給你七個選擇權

這本書，不會讓你馬上變成百萬富翁，但它會幫你累積七種人生選擇權：

- 工作是否全職或接案的選擇權
- 租屋或買房的選擇權
- 休息、進修或旅行的選擇權
- 投資與消費的選擇權
- 人際關係與社交圈的選擇權
- 面對風險時不驚慌的選擇權
- 用錢過自己人生而非別人版本的選擇權

這七個選擇權，將改變你對生活的掌握感。

◎開始之前，請先記得 —— 理財，不是學會控制錢，而是學會掌控生活

當你學會掌握金錢，就能掌握時間；當你掌握時間，就能決定人生的節奏與方向。你將不再為五斗米折腰，不再為

月底帳單心慌，不再害怕風險來臨。

你會成為那個：懂得賺錢、也懂得花錢，更懂得用錢創造人生價值的人。

這本書將與你一起走完這段旅程 —— 從無感到有感，從焦慮到自信，從記帳開始，直到你擁有自己的財富藍圖。

我們一起出發。

序言　金錢，不只是財富，而是你人生選擇的起點

使用說明書
這不是一本看完就放下的書，而是一張你的人生財務地圖

恭喜你走到這裡，這代表你不只是讀者，而是已經準備好打造自己財務藍圖的行動者。

但與其說這是一本「理財書」，我們更希望你把它當作一套生活設計工具，它不只教你怎麼管錢，更教你怎麼設計你的選擇權、行動力與內在穩定。

這份說明書，將帶你快速複習本書的核心架構與使用方式，幫助你從閱讀中轉化出可執行的行動藍圖。

一、本書的架構與目標

本書共分為十章，每章七節，總計七十個實用知識與行動策略，設計原則如下：

- 由內而外、由淺入深：先從金錢觀出發，再談記帳、儲蓄、投資，最後建立策略圖。
- 行動導向：每章節皆附具體操作步驟與臺灣本地案例，幫助你邊讀邊做。

使用說明書　這不是一本看完就放下的書，而是一張你的人生財務地圖

- ◆ 彈性設計：可循序漸進閱讀，也可選擇當下最需要的主題先行吸收。

目標是讓你在閱讀完本書後，具備以下五大能力：

- ◆ 自主制定財務目標與儲蓄計畫
- ◆ 清楚掌握自己的收支結構與投資配置
- ◆ 知道每一筆金錢的使用方向與背後價值
- ◆ 能夠模擬自己的未來資產淨值與退休能力
- ◆ 建立屬於你個人的「財富策略圖」

二、怎麼使用這本書最有效？

Step 1：先讀一章，再實作一節

每完成一章，請立刻選一節主題實作。例如：完成第七章後，立刻試著「畫出你的財務儀表板」，或嘗試「每月 10 分鐘回顧你的收支」。

Step 2：搭配自己的帳戶與財務資料操作

本書並不需你具備高深財經背景，但請準備好你的真實數據，例如：

- ◆ 薪資、支出、儲蓄現況

- 信用卡、貸款餘額
- 投資商品與報酬率
- 未來三年你想完成的夢想與資金需求

Step 3：建立屬於你的「理財筆記本」

你可以用筆記本、Notion、Excel 或 Google Sheet，記錄以下內容：

- 每章重點摘要
- 自我反思與行動紀錄
- 自製的財富自由曲線、財務策略圖

Step 4：每季回顧一次進度與調整

書末第五至第十章（財富藍圖區段）建議每三個月複習一次，並更新個人數據與策略圖。

三、關鍵章節導覽：五個你一定要實作的章節

如果你時間有限，以下章節最值得優先操作：

(1) 第七章第二節〈建立你的財務儀表板〉：你會清楚知道目前自己財務的「儀表數據」。

使用說明書　這不是一本看完就放下的書，而是一張你的人生財務地圖

(2) 第八章第三節〈如何設定長期投資目標〉：幫你規劃五年以上的資金運用節奏。

(3) 第九章第四節〈建立財務習慣比一次獲利更重要〉：打造長期可持續的紀律系統。

(4) 第十章第四節〈模擬你的未來資產淨值〉：用數字預測你退休或實現夢想的可能性。

(5) 第十章第六節〈設計屬於你的財富策略圖〉：建立你人生理財的總體藍圖。

四、這本書適合誰？怎麼推薦給他們？

(1) 剛出社會的新鮮人：從記帳開始，幫他建立儲蓄與投資習慣。

(2) 職場五年卡關族：釐清中期財務目標、調整錯誤投資邏輯。

(3) 斜槓或自由工作者：幫助建構穩定現金流與風險管理能力。

(4) 想轉職或休息的人：透過財務模擬與儲蓄曲線找出「能否轉變」的依據。

(5) 關係中或想共組家庭者：建立「共用財務策略圖」，提升價值觀協調與透明感。

五、附錄工具與資源建議（你可以搭配使用的工具）

工具名稱	用途	建議對象
Notion	財務筆記＋策略圖記錄	愛用視覺規劃者
Google Sheet	資產模擬、預算分配	習慣數位表格者
記帳城市、Moze	每日記帳與預算追蹤	初階用戶
Miro／XMind	策略圖繪製與財務地圖整理	視覺學習者
Richart、Bankee	子帳戶管理與儲蓄分類	有分帳需求者

六、記得這句話：你不是為了錢活，而是讓錢幫你過想要的生活

這不是一本讓你變成財務機器的書，而是一本讓你「和錢和平共處，並主動合作」的指南。它不會讓你明天變富，但它會讓你一年後有底氣、三年後有選擇、五年後有你想要的生活。

請隨時回來翻閱它，不要只讀一次，而是每次人生轉折時、情緒動搖時、薪水變動時、夢想變明確時，重新打開它。

使用說明書　這不是一本看完就放下的書，而是一張你的人生財務地圖

◇◇

　　它不只是一套方法，它是你與未來之間的橋梁。現在，開始寫下你財富藍圖的第一筆，從這裡開始。你不孤單，因為這本書會陪你一起走。

第一章
金錢這回事,先搞懂再談夢想

第一章　金錢這回事，先搞懂再談夢想

第一節
為什麼我們從小沒學過錢？

金錢教育缺席的成長記憶

回顧臺灣的教育體系，我們幾乎可以倒背如流九九乘法表，能背誦唐詩三百首，也能熟記五代十國和細胞分裂的過程，卻少有人能說清楚：怎麼做預算？怎麼判斷股票基金？或是要如何計劃退休？原因很簡單──學校幾乎不教這些與「錢」相關的事情。

金錢教育在臺灣長期被視為禁忌話題。家長不太願意讓孩子問：「我們家有多少錢？」甚至會用「小孩子別問錢的事」來搪塞過去。學校教育也鮮少涉及財務管理、消費習慣或投資觀念，彷彿談錢就是膚淺、功利、不知廉恥。這種文化背景，讓許多人成年後對金錢抱持「敬而遠之」的態度，甚至在需要作出理財決策時，陷入無知與恐懼。

精神至上，物質羞辱的文化根源

許多臺灣家庭深受儒家文化影響，重視品德修養、讀書做官、勤儉持家，而將「談錢」視為庸俗之舉。「君子愛財，取之有道」這句話看似中立，實則延伸出一種潛臺詞：談財

即貪，談錢即俗。這使得「討論財富」被汙名化，甚至讓許多知識分子對於投資、開源、主動創造收入的行為感到排斥，認為那是不務正業。

這種對金錢的抗拒，不只發生在家庭，也影響學術教育。大學畢業的年輕人即使學了很多專業技能，但常常不具備基本的財商（financial literacy），例如：不知道怎麼申辦信用卡才合理、不會看利率條件、不懂退休金制度，甚至誤把「高報酬」和「高機會」畫上等號，最終淪為詐騙集團的肥羊。

家庭理財經驗的「沉默斷層」

研究指出，亞洲社會的金錢教育往往建基於「耳濡目染」而非「明確教學」的方式（Lusardi & Mitchell, 2014）。也就是說，孩子如果在家裡看見父母懂得記帳、節流與投資，那麼就可能自然培養出財務意識。但相對地，如果家中經常因金錢爭吵、財務混亂，或長輩對財經議題避而不談，子女也會缺乏健全的理財模式。

此外，不少家庭為了保護孩子，會過度屏蔽「財務現實」，導致孩子長大後無法面對真實世界的經濟壓力。許多初入職場的年輕人，即使已經成年，仍不知道一個家庭每月水電瓦斯、房貸與保費的開銷大約多少，更遑論儲蓄、投資或資產配置。

第一章　金錢這回事，先搞懂再談夢想

為何教育體制忽略了錢？

根據 OECD 於 2024 年公布的《PISA 2022 金融素養報告》，臺灣學生在整體金融素養表現上與各國相當，但在實際理財應用與操作性知識方面，仍有提升空間。報告指出，臺灣的金融教育多由家庭承擔，學校課程較少系統性涵蓋財務知識，導致部分學生在面對實際金錢管理與判斷時顯得較不熟悉。這也反映出現行教育體制尚未將「財商素養」視為正式課綱的一環，長期下來可能限制學生對未來財務風險與資源分配的理解與應對能力。

雖然教育部已推動國民理財教育課程，例如在國小六年級或國中社會科加入零星的金融知識單元，但內容多半過於概念化，難以與真實生活接軌。舉例來說，許多教材仍停留在「什麼是貨幣」、「銀行是什麼地方」的初級階段，卻缺乏「如何辨識陷阱商品」、「怎麼存到人生第一桶金」這類實用性知識。

市場不等人，詐騙搶先開課

弔詭的是，雖然正規教育不教錢，但社會卻無所不在地「教你賺快錢」。從 YouTube 廣告、社群平臺推播，到 LINE 投資群組，主打「一日當沖五千塊」、「新手買 ETF 月入三萬」的訊息鋪天蓋地，誘惑著年輕人投入未經訓練的資金。

這些話術簡單、爽快、情緒勒索，尤其對財務尚未穩定的年輕人特別有吸引力。而正因為欠缺理財教育，他們很難分辨「真投資」與「假投資」的差別，一旦誤信了錯誤的財務觀念，不僅可能虧損金錢，更可能造成信任破裂、自責內疚、對投資從此敬而遠之。

金融教育的缺席，導致許多年輕人一開始的理財經驗，就是失敗經驗。這種創傷會長期影響一個人的財務行為與風險評估能力。

開始學錢，從認錯開始

面對這樣的社會現實，第一步是承認 —— 我們從小真的沒學過錢，甚至被教導要避談錢。但這不代表我們要永遠無知。我們可以在成年之後重啟財務學習的旅程。

這也是本書希望傳達的核心訊息之一：金錢不是壞東西，討論錢不是可恥的行為。能夠誠實面對自己的財務現況、願意學習改變，才是真正勇敢而成熟的行為。

有句話說得好：「財富教育，不該只交給銀行，應該是民主社會的基本素養。」如果你是剛踏入社會的職場新鮮人，現在正是你改寫人生財務劇本的起點。越早學，越容易打造一個自由、有選擇權的人生。

第一章　金錢這回事，先搞懂再談夢想

財商素養，是未來的生存技能

根據世界經濟論壇（World Economic Forum）發布的《2025職場核心能力》報告，未來的職場競爭除了數位技能外，還包括「跨領域決策力」、「風險管理能力」與「財務素養」。換句話說，懂得錢的人，不只是投資高手，更是會做選擇、懂得資源分配的行動者。

財商不只是「懂投資」，它是一種整合邏輯思維、風險控制與人生規劃的整體能力。它會影響你如何選擇工作、如何與人談判、如何面對危機與改變人生方向的關鍵時刻。

臺灣正在改變，學錢這件事也該改變

近年來，許多臺灣新創財經平臺（如：「小資財經」、「Money101」等）積極投入金融素養普及化工作，也有越來越多Youtuber與Podcast開設「財商教育」專題，並使用貼近生活的語言解說ETF、保險、負債槓桿等觀念，吸引年輕人重新認識「金錢」這門學問。

這股趨勢值得肯定，但我們不能只停留在「看別人怎麼賺」的表層觀賞，我們要學會「自己怎麼做判斷」，真正將金錢知識內化為能力，才不會在遇到決策時依賴他人、被人帶風向或人云亦云。

小結:開始談錢,就是重新學會為自己負責

我們從小沒學過錢,正是因為這個社會從未認真對待「金錢」這門生活課題。但這不是我們停滯的理由,而是我們改變的起點。

你不需要成為華爾街交易員,也不需要背會財報與 K 線圖,你只需要願意開啟這段「理解金錢、管理金錢、使用金錢」的學習歷程,就已經超越了絕大多數被動等待的人。

第二節　金錢觀與價值觀：不是萬惡，也不是萬能

金錢觀的定義與心理基礎

「金錢觀」是一種內化的信念系統，反映一個人如何看待金錢、如何使用金錢，以及他相信金錢應該扮演什麼樣的角色。心理學家布萊德・克朗茲（Brad Klontz）與泰德・克朗茲（Ted Klontz）（2009）提出「金錢信念腳本」（money scripts）理論，指出大多數人的金錢行為，來自於童年時期觀察到的家庭互動與語言，例如：「有錢人都很自私」、「錢會帶來壓力」、「錢越多，問題越多」等。

這些無意識的信念，可能塑造我們對金錢的極端態度。有人畏懼金錢、不敢談論與計畫；也有人過度重視金錢，將財富視為唯一衡量自我價值的標準。無論是哪一種，都容易失衡，讓人難以建立健康的財務行為模式。

「萬惡」說法的文化誤解

「金錢是萬惡之源」這句話，原文來自《聖經・提摩太前書》第六章第十節：「貪財是萬惡之根。」意思其實是在批評「貪婪的金錢觀」，而非金錢本身。但這句話流傳時經過簡化

第二節　金錢觀與價值觀：不是萬惡，也不是萬能

與誤解，演變成「金錢＝邪惡」，讓許多人對於財富產生道德矛盾，彷彿追求收入、談論投資就是墮落行為。

事實上，金錢作為交換媒介與價值儲存手段，其本質是中性的。它並不自帶善惡，而是根據我們怎麼使用它、賦予它什麼意義而產生不同結果。對善人而言，金錢可以用來救濟困苦、培育教育；對惡人而言，它則可能成為壓迫與剝削的工具。

金錢萬能的迷思與風險

與金錢汙名化相對的，是另一種極端的信念：「錢能解決一切問題」。這種觀念在消費主義社會中被廣泛鼓吹，尤其在社群媒體上，經常看到炫富、名車、豪宅、精品包作為成功與幸福的象徵。

這樣的文化暗示，使年輕人容易將「財富」視為人生全部目標，甚至願意犧牲健康、人際關係與道德底線來追求短期高報酬。許多投資詐騙與金錢失衡的行為，其背後正是來自對「金錢萬能」的誤信。

心理學家丹尼爾·康納曼（Daniel Kahneman）與安格斯·迪頓（Angus Deaton）（2010）研究指出，金錢確實能提高主觀幸福感，但這個效益會在年收入達到一定程度後趨於平緩。換句話說，錢只能解決「缺錢的痛苦」，卻無法保證「擁有幸福的能力」。

第一章　金錢這回事，先搞懂再談夢想

建立正向且現實的金錢觀

要擁有健康的金錢觀，首先要承認金錢在生活中的重要性，同時也要明白它只是人生眾多面向中的一部分。它能帶來選擇的自由、時間的彈性與一定程度的安全感，但它無法替代人際關係、精神追求與自我實現。

心理學家卡爾·羅傑斯（Carl Rogers）曾說：「真正的自由，是在了解自己選擇的基礎上行動。」我們應將金錢視為實現目標與價值的工具，而非價值本身。這需要培養三種能力：

- 辨識金錢誘惑的能力：能分辨消費與投資、欲望與需要。
- 管理風險與情緒的能力：能控制衝動、分散風險、不因市場波動而焦躁。
- 與金錢對話的能力：能定期檢視帳目、設立財務目標，並與伴侶或家人開誠布公討論金錢。

案例：當金錢觀影響人生選擇

以職場新鮮人小芸為例，大學畢業後她進入一家行銷公司擔任助理，月薪三萬兩千元。她從小被教育「錢不重要，重要的是努力和誠信」，因此從未主動學習如何管理財務。

工作兩年後，小芸發現自己儘管沒有大筆開銷，但總是

月光族,每到月底就感到壓力巨大。直到有次因突發牙痛需要自費治療,卻連兩萬元都拿不出來,她才驚覺:不重視金錢,竟可能讓她陷入危機。

小芸開始透過圖書館閱讀理財書、追蹤財經 Podcast,學習基本的預算編列與儲蓄計畫。她建立起每月記帳習慣,將收入分為三份:生活開支、儲蓄、投資基金。三個月後,她不但累積出人生第一筆五位數的儲蓄,也更有信心面對未來。

這段經歷讓小芸明白,金錢觀不只是理論,而是真實影響她選擇自由與心理安全感的核心力量。

小結:錢不壞,但觀念要正確

「錢不是萬惡的,也不是萬能的」這句話,不只是口號,而是一種財務成熟的指標。當我們能同時承認金錢的重要性、又不將其神化時,才有能力做出更自由的選擇。

學習投資前,先建立這樣的金錢觀,你才不會在金錢世界裡迷失自己,而是讓金錢為你所用,助你走向想要的人生。

第三節　貧窮是一種思想疾病？

「貧窮思維」與現實貧困的差別

貧窮並不只是銀行帳戶裡的餘額問題，它也深刻地牽涉到我們的信念系統與行為模式。心理學家卡蘿‧杜維克（Carol Dweck）提出的「成長型心態」（growth mindset）與「固定型心態」（fixed mindset）理論，也可應用在財務行為上。固定型心態者認為貧窮是一種命運的安排，而成長型心態則認為財務狀況可以透過學習與行動改善。

我們不否認現實世界存在不平等結構，有些人從出生起就處於財務弱勢。然而，當一個人內化「我不可能有錢」、「錢都留不住」、「我就是理財白痴」這些信念時，他也會不自覺地強化貧窮的循環。

習慣與環境造就的心理枷鎖

社會心理學中有個著名的「習得性無助」（learned helplessness）概念，意指個體在重複遭遇失敗後，逐漸放棄嘗試與改變的能力。在財務行為上，這種狀態表現為：不願嘗試記帳、聽到投資就退縮、不敢檢視自己的財務報表，甚至選擇逃避繳稅、忽略信用卡帳單。

第三節　貧窮是一種思想疾病？

這些行為往往不是能力不足，而是長期社會經驗與自我價值低落所導致的防衛機制。久而久之，這種心態成為貧窮的「心理溫床」，讓人即使收入增加，也無法累積財富。

社會標籤如何加劇「窮人自證」

社會心理學中所稱的「標籤理論」（labeling theory），源於犯罪學與偏差行為研究，指的是個體一旦被社會貼上特定標籤，往往會逐漸內化這個角色，進而出現符合該標籤的行為。在財務領域中，這種現象也常見於對「貧窮」的標籤使用。

當一個人長期被環境或社會貼上「沒錢人」、「薪水低」、「月光族」等標籤時，他可能會逐漸認同並強化這些身份。例如，他可能會避免爭取更高薪職位、不敢投資進修，甚至在機會出現時主動放棄，只因潛意識認為自己「不配」成功。這種現象屬於所謂的「自我實現預言」（self-fulfilling prophecy），即人們因相信某事可能發生，而導致其真的發生。

這也是為什麼許多立志翻轉人生的人，會選擇先從「改變語言與思維」開始。他們不再說「我沒辦法」，而是改說「我要學會怎麼辦到」。這樣的轉變雖小，卻會累積出巨大的心理力量，成為改變財務命運的契機。

第一章　金錢這回事，先搞懂再談夢想

這也是為什麼許多立志翻轉人生的人，會選擇先從「改變語言與思維」開始。他們不再說「我沒辦法」，而是改說「我要學會怎麼辦到」。這樣的轉變雖小，卻會累積出巨大的心理力量，成為改變財務命運的契機。

案例：從匱乏到主動

阿傑是一位在工地工作的年輕人，月薪不到三萬元。他從小家境困苦，父母常因錢吵架，讓他對金錢產生強烈的不安全感。他總覺得：「像我這種人就是注定沒錢。」因此即使辛苦賺錢，他也習慣把錢花光，彷彿只要留在身上就會失去。

直到某天，因朋友一句話「你有能力控制錢，不是被錢控制」，他開始重新審視自己的信念。他借來書籍閱讀，學會用 App 記帳，逐步建立儲蓄習慣，甚至報名夜校學習電機技術，轉職後月收入提升到四萬五千元以上。

阿傑說：「我過去不是沒錢，是沒方向。當我改變看待錢的方式，我的人生也跟著改變了。」他的故事提醒我們，貧窮可能來自現實，但終點取決於心態。

小結：思維不轉，財務難翻身

「貧窮是一種思想疾病？」這個問題值得深思。雖然貧困的起點可能不是個人造成的，但是否能走出來，與我們是否

願意學習、調整、行動密切相關。

改變貧窮思維，不是責怪個人，而是賦予力量。當你相信自己可以學會理財、可以創造收入、可以讓金錢成為支持而非壓力時，你已經踏出改變的第一步。

第四節　自己是資產，還是負債？

自我財務盤點的第一步：評估個人價值

在財務世界裡，資產代表會為你帶來收入的項目，而負債則是會讓你不斷支出的東西。若將這套邏輯套用在個人身上，我們不禁要問：我們的知識、技能、人際關係和健康，是資產還是負債？

這並非情緒性批判，而是一種有助於覺察與自我提升的實用工具。當一個人持續精進能力、強化情緒韌性、建立良好信用，他的身體與思維本身就是可增值的「人力資本」（human capital），將成為創造收入與生活品質的關鍵來源。

反之，如果一個人長期忽略健康、拖延進修、抗拒學習新科技、財務混亂，他的生活將充滿無形「支出」，這些看不見的損耗會逐漸壓垮個人潛能，讓人陷入無法翻身的惡性循環。

你花錢的方式，透露你的自我定位

許多研究指出，一個人如何花錢，往往透露出他對自我的期待與評價。例如：有些人總是願意為娛樂、服飾、短期消費買單，卻不願投資在學習與健康上；這種消費傾向雖能帶來即時快樂，卻會讓未來的自己承擔代價。

第四節　自己是資產,還是負債?

相對地,有些人則會將資金配置在提升專業能力、建立緊急預備金與投資長期資產上。這不表示他們不享受生活,而是他們有意識地讓金錢流向能夠提升「自我價值」的方向。

簡單說,若你的每一筆支出都能問自己:「這是投資還是消耗?」你就能逐步從被動消費者,轉變為主動創造者。

案例:化危機為轉機的資產思維

小慧是一名餐飲業服務員,疫情期間被迫放無薪假,收入歸零。原本她曾試著做直銷與兼職代購,但總是做沒多久就放棄,覺得自己「沒那種命」。

某天,她在圖書館看到一句話:「真正的資產是你自己。」她開始反思,自己是否也能具備值得投資的潛力?於是她利用空檔報名免費的烘焙課程,每天練習手作點心,還把過程分享到 Instagram,慢慢累積了上千名粉絲。

半年後,她開始接訂單、參加市集,甚至登上地方媒體專訪。收入雖不多,但她的心態徹底轉變 —— 她發現,當自己有價值,世界就有回應。

「自我」作為一生最穩定的資產

在《富爸爸,窮爸爸》作者羅勃特・清崎(Robert Kiyosaki)的理財觀念中,資產會為你帶來現金流,負債則會奪走

第一章　金錢這回事，先搞懂再談夢想

它。而從心理學角度延伸，我們可以這麼理解：當你的自我概念能帶來行動力、創造力與正向情緒，你就是一項會不斷產出回報的資產。

反之，如果自我價值低落、缺乏目標、不願承擔風險，那麼即使收入增加，你也可能因為決策錯誤或自我懷疑而原地踏步。

小結：從「養自己」到「投資自己」

與其擔心「現在沒錢怎麼辦」，不如先問：「我現在的行為，是在增加我的資產價值，還是讓自己成為負債？」

投資自己，是從閱讀一本書、上一次課程、練一次習慣、說一次勇敢的話開始的。當你意識到「我自己就是資產」，你就會開始願意為自己投資，也才會看見人生翻轉的可能性。

第五節　理財不是有錢人的事

錯誤的理財迷思：等有錢再學理財？

「我現在錢太少，等我存夠了再來學理財。」這句話，是許多人的理財起點──但也是理財永遠不會開始的藉口。事實上，理財的目的正是讓你學會如何在資源有限的情況下，做出最好的配置與選擇。

把理財當作「有錢人的遊戲」是錯誤且危險的觀念。根據國際理財教育組織（Global Financial Literacy Excellence Center, GFLEC）研究指出，理財知識的缺乏與個人財務困境呈現高度相關，即便月收入提升，也不代表能有效累積財富。

理財其實是在練習「掌控感」

理財的本質，不只是數學與報表，而是學會怎麼掌握生活的節奏與優先順序。對於職場新鮮人而言，開始理財不表示你要成為投資達人，而是開始意識到：「我對自己的財務狀況負責。」

這種責任感，會帶來穩定的心理效應。心理學家茱莉安・羅特（Julian Rotter）提出「內控／外控信念」（locus of control）理論，內控者相信自己能掌握結果，外控者則相信命運或他人決定一切。理財行為，正是培養「內控感」的重要訓練場。

第一章　金錢這回事，先搞懂再談夢想

不理財的代價，比你想的高

當一個人不理財時，他的收入往往會被生活成本吞噬，而毫無抵抗能力。例如：不做預算的人，更容易超支；沒儲蓄習慣的人，遇到突發狀況就必須舉債；不了解保險制度的人，容易買到錯誤商品。

這些結果常被誤認為是「運氣不好」，但其實背後是資訊與習慣的缺乏。與其怪罪命運，不如從每一筆消費開始建立覺察。

案例：一杯手搖飲換來的改變

阿哲是一位剛出社會的行政助理，月薪三萬六千元，過去他總覺得：「這種收入沒什麼好理的，錢根本不夠用。」

有一天他看到朋友分享一則文章，提到「只要每天少喝一杯手搖飲，一年就能多出上萬元的儲蓄與投資本」，他半信半疑地試著開始記帳、把原本每天的飲料錢轉存到一個「投資基金帳戶」。

三個月後，他不但成功累積了 9,000 元，還開始學習 ETF 與定期定額，首次感受到理財的成就感。他說：「我才發現，不是我沒錢理財，而是我沒意識到自己可以開始。」

第五節　理財不是有錢人的事

小錢理好，是大錢的預演

許多人對理財望而卻步，是因為覺得自己金額太小，不值得計畫。但事實上，金錢規模不是重點，關鍵是行為習慣的建立。當你能把一萬元花得有效率，你未來也能管理一百萬；反之，錢再多也可能瞬間揮霍殆盡。

美國個人理財作家大衛‧巴哈（David Bach）提出「拿鐵因子」（Latte Factor）理論，強調日常小開銷累積起來的影響力。他主張：真正讓人致貧的，往往不是大筆投資失利，而是每一次「看似無害」的消費決定。

小結：開始的條件，不是錢，是意願

理財不是有錢人專屬的技能，而是現代人生存的基本素養。你不需要等到升職、發財、接到遺產才能開始。只要你願意從第一筆薪水開始分配、記帳、理解風險，那麼你已經在理財的路上。

理財是一種選擇權的累積 —— 當你開始理，它就開始回報你。

第六節　你現在不學，以後會更辛苦

學與不學之間，差的不只是錢

「反正我現在不缺錢，等需要再學就好。」這是許多年輕人對理財常見的看法。然而，現實世界不會等你準備好才發生風險。當你選擇不學理財時，你其實正在默許生活中的金錢壓力逐步擴張，直至壓垮未來的自己。

學習理財不是為了立刻致富，而是為了讓未來的你少一點焦慮、多一點選擇。根據 OECD（2023）的金融素養報告指出，在面對突發財務挑戰時，有理財知識者比沒有者更可能在三個月內解決問題，且心理壓力明顯較低。

財務盲點的累積，是未來風暴的前兆

每個沒學理財的人，往往都在生活中累積三個主要盲點：

- ◆ 錯誤的信用使用習慣：只付最低額、借高利貸、過度刷卡。
- ◆ 忽略現金流計算：收入與支出完全無節制，導致帳戶永遠在低水位。

◆ 缺乏風險概念:不理解保險、不懂投資,不知道如何因應意外。

這些盲點在短期內不一定爆發,但會在你面臨「大筆醫療費用」、「轉職空窗」、「家庭責任」時,毫不留情地炸開。到那時,你將發現:當初不學理財,不是選擇,而是一種忽視風險的賭注。

案例:後悔的代價比學習更貴

麗雯是 30 歲的客服主管,在職場上表現亮眼,但她總覺得理財離自己太遠。「我又沒投資、也沒買房,學那些幹嘛?」直到有一天,母親因病住院,她才驚覺醫療費每月高達五萬,而她竟無一筆備用金。

她只好臨時辦信用貸款,利率超過 12%。同時因未繳保費導致無法理賠,讓她深感後悔。她說:「我從來沒想過,自己年薪百萬,竟連一場病都扛不起。」

從那次經歷起,她開始強制儲蓄、重新檢視所有開銷、建立緊急預備金三個月份額,也在一年內完成保險配置與投資入門課程。雖然一切來得有點晚,但她明白:「不學的代價,真的比我想像中高。」

第一章　金錢這回事，先搞懂再談夢想

越早學，越有複利效應

理財行為的最大優勢，不在於報酬，而在於「時間的力量」。複利效應（compound effect）不是專屬於金錢，也適用於知識與行為習慣。例如：

- 每月記帳一次，三年後你將清楚了解自己的花費模式；
- 每月投資三千元，報酬率 5%，十年後你將累積近五十萬元資產；
- 每季檢視一次保單與稅務，能避免誤買商品與罰款損失。

這些習慣本身不花大錢，也不難學習，但需要早一點開始。因為越晚學，越難改；越晚準備，越無選擇。

現代生活的結構性風險不容忽視

在高房價、高醫療成本、不確定就業結構的現代社會，財務風險不再只是意外，而是結構性的挑戰。根據 2024 年台灣金融研訓院的《台灣金融生活調查》，近八成受訪者表示「支應生活已不再輕鬆」，顯示通膨與經濟壓力已成為民眾普遍關切的議題。從整體趨勢來看，年輕族群面對物價上漲、低薪與房價負擔等挑戰，容易產生明顯的經濟不安全感，進而成為其生活壓力的主要來源。

第六節　你現在不學，以後會更辛苦

這代表，我們的下一代所面對的並不是「努力就能致富」的童話，而是「資訊越快掌握，風險越能控制」的新現實。也就是說，財務知識的取得，已成為自我保護的必要工具。

心態上的懶惰，是最大敵人

許多人對理財遲遲不開始，是因為覺得「太麻煩」、「我不擅長數學」、「看財經新聞很無聊」。但真相是：理財不需要精通 K 線與財報，而是從行為開始，從覺察開始。

一位青年心理師曾說：「很多人不是不會理財，而是不願對現實誠實。」不願檢視自己月支出，不願承認儲蓄為零，不願接受風險存在。這些都會讓人陷入一種假性安全感中，直到現實來敲門。

小結：未來會不會辛苦，現在就看得見

你可以選擇不學理財，但你無法選擇不面對未來的金錢問題。每一筆沒記的帳、每一份沒保的保險、每一次不計劃的消費，都是未來壓力的種子。

當你現在開始學習，你正在替未來的自己鋪設緩衝。你會比別人少一點焦慮，多一點底氣。你會在壓力來臨時，說得出「我準備好了」，而不是「我怎麼辦？」

學理財，不是讓你變富，而是讓你活得不怕。

第七節
錢是一種語言,你會說嗎?

理財能力其實是「溝通力」的一種

大多數人以為理財是數學、是會計、是複雜的金融知識。但事實上,理財更接近一種語言能力:它是你與未來的自己溝通的方式,也是你向世界表達價值觀與選擇的語言。

想想看,當你選擇用錢買一件衣服,或訂一張演唱會門票,其實你就在說:「我重視美感」或「我在乎快樂」;當你選擇存下一筆錢,或投入 ETF,你則是在說:「我在替未來做準備。」

你會怎麼「說」這種語言,將決定你未來生活的樣貌。如果你從未學會如何表達、規劃、決策,那麼你也將失去掌握未來的機會。

金錢語言的四大面向

根據行為財務學者克里斯・哈根(Chris Hogan)的研究,理財溝通可以分為四個層次:

- ◆ 認知層次:我知道自己在花什麼錢

- 情緒層次：我知道我的花費反映了哪些需求與恐懼
- 策略層次：我知道我的金錢配置如何幫助我達成目標
- 價值層次：我知道金錢代表的是什麼樣的人生觀與信念

許多人卡在第一層次，看似會記帳，實則不理解自己的金錢決策背後藏著什麼樣的心態與信念。他們可能不自覺地用金錢填補空虛、透支自己換來別人的認同，卻從未問過：「我這樣使用錢，是我真正想要的生活嗎？」

案例：學會對金錢說話的人生轉變

子軒是一位 25 歲的工程師，他習慣用買 3C 產品來犒賞自己，每當壓力大就下單。他自認不是月光族，但每年總存不到五萬元。某天，他參加了一場理財工作坊，講師問他：「你希望你的錢幫你說什麼話？」

這句話讓他深受震撼。他開始重新檢視自己的金錢流向，發現自己其實渴望的是放鬆、掌控感與認可。他逐步將每月支出分為三類：「生活必要」、「目標投資」、「療癒消費」，並建立一個名為「未來的我」的儲蓄帳戶。

一年後，他不僅存下十萬元，還規劃出人生第一次的長程旅行。他說：「我開始覺得自己是在用錢『說出』我想成為的人。」

第一章　金錢這回事，先搞懂再談夢想

不會說金錢語言的人，會被話語控制

如果你不主動使用金錢語言，就會被廣告與社群媒體的語言主導。每一次的「買了就幸福」、「買越多賺越多」，都是試圖幫你「說」一種生活觀。但這些觀念不一定符合你的價值。

會說金錢語言的人，不會盲從。他們懂得用金錢說「我要選擇」、「我要準備」、「我要為自己負責」。他們不會因為別人有保時捷而焦慮，也不會因為沒跟到某個投資潮而覺得失敗。他們清楚自己要說什麼、為誰而說。

金錢語言需要不斷練習

正如語言學習需要反覆輸入與輸出，理財語言的學習也仰賴習慣培養：

- 每週一次的收支回顧
- 每月一次的財務對話（和自己或伴侶）
- 每季一次的資產總覽檢查
- 每年一次的長期目標調整

這些練習將使你逐漸熟悉金錢語言，從一開始的結結巴巴，到後來能清晰自信地說出：「這是我選擇的生活節奏，這是我賦予金錢的意義。」

小結：金錢是語言，能表達你想活的人生

如果你曾對理財感到排斥，也許是因為你從未被告知：你不是在學數學，而是在學「如何用金錢說話」。

當你能夠用金錢表達價值、選擇與願景，你將不再恐懼財務，而是擁有一種與世界對話的自由。你不再只是賺錢與花錢的機器，而是一個有語言、有想法、有方向的人。

而這，就是理財最深層的價值。

第一章　金錢這回事，先搞懂再談夢想

第二章
薪水有限,規劃無限:
從第一份薪水開始理財

第二章　薪水有限，規劃無限：從第一份薪水開始理財

第一節　第一筆錢該怎麼花？

從第一份薪水開始思考金錢的意義

當你領到人生第一份薪水，內心或許湧現許多情緒——成就感、自豪，甚至是小小的迷惘。這筆錢雖然不算多，但它代表著你與社會產生正式連結的第一步，也是你開始掌控自己人生財務的起點。

根據臺灣行政院主計處統計（2024），剛畢業的職場新鮮人平均起薪約為 31,000 元至 35,000 元之間。不少人會選擇用第一筆錢請家人吃飯、買一件獎勵自己的新衣服，甚至直接繳掉信用卡循環利息。這些選擇本身無對錯，但若沒有經過思考與規劃，這筆第一筆薪水可能就這樣無聲無息地「蒸發」。

第一筆錢的心理效應與風險

心理學家亞伯拉罕・馬斯洛（Abraham Maslow）在人類需求層次理論中指出，人類基本需求從生理、安全，到尊重與自我實現逐層遞進。第一份薪水最常觸發的，其實是「尊重需求」，我們會希望透過消費來證明自己的價值，獲得他人與自己的認同。

然而，若這種認同建立在「即時滿足」的欲望之上，很容易導致錯誤的金錢習慣。例如：

- 把薪水全數花在當月消費，不做任何預留
- 開始使用分期付款，卻未清楚計算總成本
- 為了「看起來像大人」而購買過度負擔的奢侈品

這些行為在短期內看似無害，但會在長期累積出結構性的財務風險與情緒壓力。

設立儀式感，建立財務紀律的起點

與其全然放任第一筆錢「自由發揮」，不如設計一套有意識的使用方式，讓這份收入成為你與未來建立連結的起點。這裡有一個簡單的建議流程：

- 獎勵自己5%～10%金額：買一樣你期待已久的小物，慶祝進入新階段。
- 設定自動儲蓄帳戶：從第一期薪水開始建立儲蓄習慣，建議金額為15%～30%。
- 建立預算表：用最簡單的 Excel 或手機 App，把開銷分門別類記下來。
- 分配一筆「學習基金」：撥出薪資的5%投資在書籍、課程、證照考試。

◆ 開始了解稅制與保險：不是要你馬上精通，而是開始接觸基本資訊。

這樣的安排不僅提升理財意識，也能避免將金錢全部投入即時消費中而錯失未來資源分配的機會。

案例：從零起點打造穩健財務的子恩

子恩是一位畢業於設計系的年輕人，畢業後進入一家新創公司擔任視覺設計助理，月薪 33,000 元。起初他也想把第一份薪水拿去出國玩或買最新的 iPad。但在好友的建議下，他選擇將薪資進行規劃：

◆ 3,000 元給家人作為心意
◆ 5,000 元設為投資自己（報名設計進修課程）
◆ 10,000 元自動轉帳到儲蓄帳戶
◆ 15,000 元安排日常生活與通勤餐飲

一年後，他不僅累積近 12 萬元的緊急預備金，還拿到一張專業設計認證，順利升職調薪。他說：「當你願意對錢負責，錢也會對你負責。」

錢不只是用來花,更是用來配置

你未來怎麼用錢,很可能從第一筆錢就開始定型。若一開始就養成分配、記錄與反思的習慣,將能降低未來財務迷航的機率。以下是幾個初階理財實作建議:

- 試算生活開銷底線:例如,房租 9,000 +飲食 6,000 +交通 1,500 +通訊費 800 =基本支出 17,300 元
- 設定「流動金」上限:為自己設立一筆彈性消費金額(如每月 3,000 元),避免不自覺刷爆信用卡
- 嘗試一次無壓力理財閱讀:如臺灣 Podcast「好好理財」入門單集

這些行動雖然簡單,卻能讓你的金錢觀念與金錢行為一致,逐漸累積出安全感與財務主導力。

小結:第一筆薪水,是對未來的預告片

你怎麼使用第一筆錢,會成為你財務劇本的起點。選擇亂花,未來要花更多力氣彌補;選擇有計畫地使用,你會更快邁向自己想要的人生。

這筆錢不必花得完美,但必須花得有意識、有意義、有紀律。因為從這一刻開始,你就是自己財務人生的導演與演員。

第二節
理財三分法：花費、儲蓄與投資

理財三分法的基本觀念

所謂「理財三分法」，指的是將收入依功能性分為三個部分：必要開支、儲蓄，以及投資。這種分配方式不僅簡單易懂，對於剛進入職場的年輕人來說，更是建立財務自律與金錢規劃的入門工具。

一般建議比例為：

- 60％用於日常生活支出：如房租、水電、交通、伙食與通訊費用。
- 20％儲蓄與風險準備：建立緊急預備金、短期目標儲蓄。
- 20％投資與財富成長：定期定額投入基金、ETF或自我能力投資。

這樣的比例雖非鐵則，但其背後邏輯是：讓每一筆收入都「有去有回」，同時顧及當下與未來的平衡。

分清楚三種錢的流向

第一步,是搞清楚這三種錢到底分別代表什麼:

花費(60%)

這部分是你活下去、維持生活品質所必需的金額,重點在於「不過度」與「可控制」。例如租屋可考慮室友分擔,通勤可善用月票方案。

儲蓄(20%)

這不是為了明年旅遊,而是為了不可預期的風險事件,如突發醫療、換工作空窗期或家庭支援義務。可設定為三到六個月生活開銷的存量目標。

投資(20%)

不一定指股票,也可包含提升技能、考取證照、進修語言等「人力資本投資」。同時也可透過穩健型商品累積被動收入來源。

這樣的分類讓每一筆錢都能被「賦予功能」,你不再只是花錢,而是在為未來作資源分配。

第二章　薪水有限，規劃無限：從第一份薪水開始理財

案例：理財三分法如何讓小恩走出負債陰影

小恩是一名大學畢業兩年的行政助理，因為前幾年亂刷卡與貸款，背負將近十萬元負債。她一直覺得自己「賺得不夠多」，直到朋友介紹她「三分法理財」，她才意識到問題不在收入，而在分配。

她重新調整開銷，把 60% 的薪資嚴格控制在生活必需，20% 強制設定為儲蓄帳戶，另外 20% 開始學習被動投資，從定期定額基金開始。半年後，她還清了 3 萬元債務，一年後達成了第一個十萬元資產目標。

她說：「我以前以為理財是有錢人才做的事，現在才知道是因為我不理，才一直沒錢。」

三分法的彈性應用

理財三分法並不是固定死板的公式，而是可以因應人生階段、收入變動與個人價值進行調整。以下是幾種變形應用：

- ◆ 剛出社會：建議比率可調整為 70% 生活開支、20% 儲蓄、10% 投資，以降低生活壓力。
- ◆ 單身無負擔族群：可提升投資比率至 30%，加快財富累積。
- ◆ 有家庭責任者：建議增加風險預備金比重，確保家庭應急。

重要的是，保持「有計畫」、「有紀律」、「可追蹤」的理財行為，而非照本宣科。

建立屬於自己的三分模型

要讓三分法真正落實，你需要：

- 建立三個獨立帳戶或子帳戶
- 設定固定日（如每月 5 日）做資金分配
- 每季回顧一次分配比率是否仍合理
- 搭配記帳 App 進行收支追蹤與調整

這樣的自動化與儀式感，不僅讓理財變得不再枯燥，也會讓你每次看到餘額成長時，產生具體成就感。

小結：用比例，而不是情緒在管理金錢

理財三分法的最大價值，不只是讓你分錢，更是讓你分清楚「現在的你」與「未來的你」應該各拿多少。

當你開始用比例，而不是情緒管理金錢，你會發現財務壓力漸漸消失，取而代之的是預期、計畫與信心。從現在起，不管你月入三萬還是五萬，只要願意讓每一分錢「各司其職」，你就已經在打造屬於你的財務防線與成長引擎。

第三節　自動儲蓄與先存再花的習慣

儲蓄失敗的根本原因

許多人總說:「這個月花完再看看能不能存一點。」但結果往往是──什麼都沒存下。這不是因為他們不想存錢,而是他們使用了「先花再存」的錯誤策略。

「先存再花」與「自動儲蓄」的理念,其實正是對抗人性弱點的一種制度設計。我們都容易高估未來的自制力,低估當下的衝動。如果沒有強制機制,錢往往會在不知不覺中流失。

自動儲蓄的概念與心理學依據

自動儲蓄(Automatic Saving)指的是一種將收入在進入主要帳戶前,預先劃出一定比例轉入儲蓄帳戶的制度。這一做法可透過銀行自動轉帳、薪資分帳戶發放、保險保單儲蓄等方式實現。

根據行為經濟學家理察・塞勒(Richard Thaler)的「助推理論」(Nudge Theory),人類在預設選項的情況下,往往更容易做出對自己有利的決策。因此,只要將「自動轉入儲蓄帳戶」設為預設動作,就能提高儲蓄成功率。

第三節　自動儲蓄與先存再花的習慣

案例：小嵐的自動儲蓄生活術

小嵐是一位初入職場的行銷助理，月薪 34,000 元。過去她總是月底才記得要存錢，但幾乎都所剩無幾。後來她設定每月薪資入帳日自動扣款 5,000 元進入無提款卡帳戶，還將這個帳戶命名為「未來的家」作為心理暗示。

一年後，她竟然毫無壓力地存下 6 萬元，還因此擁有首筆旅遊基金。她說：「當儲蓄不需要選擇時，它就變成習慣了。」

建立「先存再花」的財務順序感

所謂「先存再花」，並不是叫你苦行僧生活，而是調整支出順序：

- 收入進帳
- 自動轉帳至儲蓄或投資帳戶（比例建議為 15%～30%）
- 編列預算進行生活消費

這樣的順序會讓你在心理上更能接受「這些錢不是拿來花的」，從而降低衝動購物的機會。

第二章　薪水有限，規劃無限：從第一份薪水開始理財

結合科技工具實現自動化

以下是幾個推薦工具與做法：

- 臺灣銀行定存＋活存自動轉帳機制
- 行動銀行 App 中預約轉帳功能
- 記帳 App（如：Moze、記帳城市、EveryDollar）具備自動分類功能
- 薪轉戶設定兩個帳戶發放，主帳戶為生活支出、副帳戶為儲蓄目標

科技能幫助你「看不見那筆錢」，讓儲蓄自動完成，而不是仰賴意志力完成。

儲蓄習慣建立的時間表

心理學研究指出，一個新習慣的建立平均需要 66 天（Lally et al., 2009），也就是約兩個月。如果你能持續執行自動儲蓄三個月以上，那麼這個儲蓄行為便可能轉變為內在自我要求的一部分。

習慣一旦建立，你就會開始將「未來儲蓄」視為一種安全感來源，而非消費的剝奪。

第三節　自動儲蓄與先存再花的習慣

小結：讓儲蓄變成不需思考的日常

真正有效的儲蓄，不是靠意志力，而是靠制度力。透過自動轉帳、行為設定與心理暗示，我們可以讓「儲蓄」這件事變得像刷牙一樣自然。

當你學會先存再花，不只是財務自由的起點，更是邁向成熟與穩定的象徵。這份穩定，不是帳戶上的金額，而是你面對未來的從容。

第四節　信用卡怎麼用才安全？

信用卡不是敵人，是工具

許多理財新手對信用卡抱持恐懼心理，認為它是導致負債的根源。但事實上，信用卡本身並不危險，真正的風險來自於使用者是否具備自律與理解卡片機制的能力。

信用卡若使用得當，不僅能提升消費便利、累積信用紀錄，還能透過回饋與紅利計畫創造額外價值。因此，學會正確、安全地使用信用卡，是每位進入社會的新鮮人不可忽略的課題。

認識信用卡的基本結構

一張信用卡，至少包含以下幾個基本要素：

- 額度（Credit Limit）：每月最高可使用金額，由銀行依個人信用評分決定。
- 帳單週期與繳款截止日：決定你每月何時應繳款。
- 最低應繳金額：若只繳此金額，其餘將被收取循環利息。
- 循環利率：臺灣銀行法規定不得超過15%，但仍為一筆不容小覷的利息成本。

◆ 現金卡與預借現金功能：常伴隨高額手續費與利率，使用前需特別留意。

信用卡新手的安全使用五守則

（1）只刷自己能力負擔得起的消費：不要將卡片當作「延遲付款的希望」，而應視為「即時付款的替代」。

（2）設定刷卡上限通知功能：多數銀行 App 支援設定單筆與每月警示，能有效提醒過度消費。

（3）不碰現金卡與預借現金：若真有緊急資金需求，應優先考慮其他利率更低的方式。

（4）每月全額繳清帳單：養成「結帳＝付款」的習慣，避免利息滾入債務雪球。

（5）避免同時持有過多張卡片：建議新手控制在 1～2 張，集中管理與回饋效益。

案例：小瑋的卡債逆轉術

小瑋剛畢業時申辦了三張信用卡，因為貪圖首刷禮與分期零利率，一年內刷爆額度，累積近八萬元卡債。由於未全額繳清，他每月光利息就接近 1,000 元，生活逐漸陷入壓力。

在理財課程中，他學會設定刷卡通知與記帳 App 結合，

並主動聯絡銀行協商分期還款,同時停用其他卡片。經過一年努力,他清償全部債務,並只保留一張回饋穩定的生活用卡,建立了健康的信用紀錄。

他說:「真正讓我負債的,不是卡片,而是當時沒有人教我怎麼用它。」

建立信用＝打造未來金融彈性

除了消費功能,信用卡最重要的價值是建立「信用紀錄」。良好的信用分數在未來申辦房貸、車貸、甚至某些就業背景調查中,都扮演關鍵角色。

以下是臺灣信用評分常見的幾項影響因素:

- ◆ 是否有遲繳紀錄
- ◆ 信用卡使用比率是否過高（建議低於 30%）
- ◆ 持卡年資與總使用筆數
- ◆ 是否有貸款紀錄與償還行為良好

因此,信用卡不是絕對不能用,而是要小心建立正確的使用軌跡。

小結：與其抗拒，不如理解與管理

信用卡就像一把刀，可以切菜，也可能傷人。拒絕學習，只會讓你在未來無法應對更大的信用需求。

與其把信用卡當敵人，不如學會用制度管理它：設定預算、全額繳清、善用提醒與回饋，讓它成為你財務生活的助力，而不是陷阱。

第五節
緊急預備金：最低限度的安全感

為什麼需要緊急預備金？

緊急預備金是為了應對生活中無法預測的事件——突發醫療費用、失業空窗期、家庭事故或任何意外開支。它的存在不是為了報酬率，而是為了讓你在關鍵時刻不必靠信用卡、借貸或動用投資帳戶。

根據多項調查，臺灣 25～34 歲青年在財務應變能力上普遍較為脆弱，不少人僅能應付短期生活開銷，一旦遇到突發情況，便可能面臨財務壓力。

預備金該準備多少？

一般建議，緊急預備金至少為「3～6 個月的生活開銷」。對於單身無扶養義務的上班族而言，三個月的生活成本可能已足夠應付大多數短期危機。若你有房貸、車貸、孩子或長輩需照顧，則建議準備六個月以上。

舉例來說：

◆ 每月基本生活費：28,000 元

第五節　緊急預備金：最低限度的安全感

◆ 預備金目標金額（6個月）：168,000元

這筆錢應存放在「高流動性、低風險」的管道，例如：活存、定存、貨幣型基金或高利數位帳戶。

如何開始建立？

(1) 設定目標數字：依據個人情況計算出預備金總額。

(2) 分階段儲蓄：將目標拆成 3～6 期分批完成，例如每月自動轉存 10,000 元，半年後達成六萬元。

(3) 專戶儲存，避免動用：可設立專屬「不提款帳戶」，甚至不綁定提款卡，增加提領難度。

(4) 收入有變動時重新計算：如薪資變動、生活成本提升時，記得重新估算目標金額。

案例：小晴的防火牆人生

小晴是一位保險公司客服，因公司裁員意外失業三個月。幸好她早在兩年前就建立了一筆九萬元的緊急預備金，讓她在失業期間仍可支付房租、保險與交通費，不必向親友借錢或動用投資部位。

她表示：「當別人焦慮面試的同時，我還能穩定練英文、準備轉職，這就是備而不用的力量。」

第二章　薪水有限，規劃無限：從第一份薪水開始理財

　　她的經驗說明，緊急預備金不只是存款，更是一種心理緩衝與選擇自由。

常見錯誤與迷思

　　（1）誤以為保險可以取代預備金：保險有理賠等待期與適用範圍，並非所有突發事件都能即時補助。

　　（2）誤將投資帳戶當預備金：股票或基金若在市場下跌時提領，反而可能賠本。

　　（3）誤把信用卡額度當緊急金：這等於用高利貸撐場，並不穩定且無備用空間。

小結：給未來的你一層保護膜

　　緊急預備金不是富人才需要的制度，而是每個人都應該擁有的「人生安全網」。它代表你對未來的尊重，對風險的預判，以及對自我負責的成熟。

　　每一筆未來的突發狀況，都是在問你：「你準備好了嗎？」

　　而一筆適當的預備金，能讓你有信心回答：「我準備好了。」

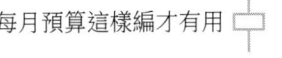

第六節　每月預算這樣編才有用

預算不是束縛，是幫你做選擇的地圖

許多人聽到「編預算」就覺得煩悶，彷彿是要過苦日子的開始。但事實上，預算不是要你活得拘束，而是給你一張「選擇的地圖」。

當你沒有預算時，你會在每一次消費前猶豫、焦慮、後悔。但當你有預算，就像在地圖上設定好了行車路線，讓你知道每一筆支出是否在安全範圍之內，也能安心享受消費的樂趣。

有效預算的三個核心原則

- 具體化：每個項目必須有明確金額與用途（如：「餐飲費 6,000 元」而不是「生活費一筆」）。
- 可調整：每個月根據實際情況調整，不需僵化。
- 可追蹤：必須搭配記帳與回顧，才能檢討與優化。

若缺乏上述條件，預算表往往只是空有格式、無法實際執行的文件。

第二章　薪水有限，規劃無限：從第一份薪水開始理財

實用的預算分項建議

以下是職場新鮮人適用的每月預算項目分類：

- 固定支出：房租、交通、網路與手機、保險保費。
- 變動支出：餐飲、購物、娛樂、生活雜費。
- 儲蓄項目：定存、基金定期定額、自動轉帳帳戶。
- 目標儲備：旅遊金、進修課程金、節慶支出金。

這樣的分類可讓你對每月財務狀況有全局掌握，避免「帳戶有錢但心裡沒底」的窘境。

案例：阿喬的預算自救行動

阿喬剛進職場時總覺得錢怎麼花都不夠用，每月都在「月底吃泡麵」的輪迴中打轉。後來他開始嘗試預算管理，將薪水分為固定支出 20,000 元、變動支出 8,000 元、儲蓄 5,000 元、目標基金 2,000 元，並搭配 MOZE 記帳。

三個月後，他發現原本「不知道錢去哪了」的焦慮減少了許多，不僅穩定累積儲蓄，還第一次如期完成年初設定的環島旅行計畫。他說：「預算不是限制我，而是幫我掌握節奏。」

常見錯誤與改進方式

錯誤 1：只記帳不編預算

→解法：記帳是記錄，預算是計畫，兩者需搭配。

錯誤 2：預算編得太緊、無彈性

→解法：每月預留 10％作「自由預算」項，讓自己不壓抑。

錯誤 3：不檢討、不調整

→解法：每月底留 15 分鐘回顧花費，找出可改善項目。

結合科技工具，讓預算落實

(1) 行動銀行整合帳戶查看功能：整體掌握收支概況。

(2) 記帳 App 設定分類提醒與圖表統計：幫助視覺化分析。

(3) 自動提醒功能（如手機日曆）安排月初預算設定與月底檢討日程。

這些工具讓你從「記得要記帳」走向「能用預算做決策」。

小結:預算讓你安心花、放心存

編預算不是為了省小錢,而是讓你知道每筆錢的流向,讓每一塊錢幫你完成你想要的生活。

當你不再焦慮帳戶餘額、也能自信說出:「這是我花得起的錢」,那就代表你的預算真的發揮作用了。

第七節　小錢累積也能變大錢

被忽略的小錢，其實最有力量

多數人以為累積財富要靠高薪或一次性中大獎，卻忽略了「小錢的累積力」。財務管理的真義從來不在於收入有多高，而在於如何使用手中資源，逐步建立財務厚度。

前一章提到，根據美國理財作家大衛・巴哈（David Bach）提出的「拿鐵因子」（Latte Factor）理論，每天一杯拿鐵（約 120 元臺幣）如果轉為儲蓄與投資，長期下來將是一筆驚人資產。這也顯示：真正的財富來自日常習慣的選擇。

小錢也能滾出大雪球的三個關鍵

1. 複利效應（Compound Effect）

錢生錢是時間與紀律的結果。定期定額投資雖金額不高，但透過時間與報酬率的交互作用，將產生幾何級數的成長。

2. 行為慣性（Behavioral Consistency）

固定每月存下一筆小額金錢，不僅提升財務穩定感，也增強自我控制與理財自信。

3. 機會準備（Capital Readiness）

當投資機會出現時，能否立刻把握，往往取決於你平時是否有「可動用小錢」的彈性。

案例：小皓的 52 週儲蓄挑戰

小皓是一位剛退伍進入科技業的工程師，雖然薪水不低，但總覺得錢怎麼都不夠用。在網路社群中他發現了「52 週儲蓄挑戰」：第一週存 100 元、第二週 200 元、依序遞增，至第 52 週共可存下 137,800 元。

他用 Excel 建立表格、設定自動轉帳，每週從咖啡、外送或手遊預算中調整出相對應金額。一年後，他如期完成挑戰，這筆錢不僅成為他的緊急備用金，更讓他信心大增，開始接觸基金與美股投資。

他說：「不是我存不下錢，而是以前沒看見小錢的力量。」

日常生活中的「隱性浪費」金額

許多人以為自己沒多餘的錢可存，其實是忽略了日常中的「隱性浪費」：

- 每天買一瓶瓶裝水：每月約 900 元
- 訂閱從未打開的影音平臺：每月 300～500 元

- 平均每週一次不必要的外送：每月約 1,200 元
- 衝動購物與特價誘惑品：每月不自覺花掉 2,000 元以上

將上述任一項轉為儲蓄或投資，每年都可能為你創造數萬元的資產成長。

小錢儲蓄策略實作建議

(1) 零錢挑戰：每天將零錢投入存錢筒，每月定期存入帳戶。

(2) 自動轉帳小額儲蓄：每週固定轉帳 200～500 元至儲蓄帳戶。

(3) 「反欲望帳戶」：每當你放棄一次非必要消費，就將原預算金額轉存到一個帳戶。

(4) 使用現金回饋累積投資金：信用卡或行動支付回饋金自動投入零股投資。

這些方式簡單可行，不須特別時間與技能，卻能養成穩定的資金增長機制。

小結：持續小額，是你和未來的約定

小錢之所以偉大，不在於它本身數量，而在於你如何使用它。當你學會尊重 100 元的力量，你也會更有能力管理 10

第二章　薪水有限，規劃無限：從第一份薪水開始理財

萬元、100 萬元。

　　與其羨慕別人的本金，不如從自己手中那點看似微不足道的零用錢開始。累積，是靠行為，不是靠奇蹟。

第三章
認識風險與報酬：
投資不等於賭博

第三章　認識風險與報酬：投資不等於賭博

第一節　投資與投機的界線

投資與投機之間的模糊地帶

在理財的世界裡，「投資」與「投機」是最容易被混淆的兩個詞。表面上它們都可能涉及買進資產、期待未來升值，但核心區別在於時間尺度、風險評估方式、資訊掌握程度與行為邏輯。

簡單來說，投資是基於價值的判斷與風險管理，追求長期穩定的報酬；而投機則是基於價格的變動與機會主義，試圖在短期內獲得差價利潤。

根據美國證券交易委員會（SEC）的定義，投資行為包含充分了解資產性質、風險承受能力與持有期望，並透過分散與紀律降低波動性。而投機則通常以高風險博取高報酬，並伴隨高度情緒化決策。

投資與投機的四大區分標準

1. 時間維度

- ◆ 投資者預計持有數年甚至數十年。
- ◆ 投機者則以幾天、幾週、幾月內交易為目標。

2. 決策依據

- 投資依賴基本面，如企業獲利、資產價值、產業前景。
- 投機依賴技術面與市場消息，如圖形分析、短線趨勢與群眾情緒。

3. 風險評估方式

- 投資重視風險控制與分散配置。
- 投機者往往集中重押某一標的或過度槓桿操作。

4. 心理特徵

- 投資者接受市場波動並維持紀律。
- 投機者則易受貪婪與恐懼驅使，頻繁交易。

為何年輕人容易落入投機陷阱？

根據多項研究觀察，臺灣年輕投資族群普遍傾向頻繁交易，展現出較強的短線操作行為。整體趨勢顯示，年輕人對市場波動反應積極，較容易採取高頻交易策略。這現象背後有幾項成因：

- 社群媒體與投資 KOL 快速傳播投資標的
- 缺乏基礎財務教育，不理解風險本質

第三章　認識風險與報酬：投資不等於賭博

- 以賺快錢為目標，錯誤理解財富累積原則
- 將投資視為娛樂，追求刺激與成就感

這些因素交織下，投資與投機的界線模糊，許多年輕人明明想「理財」，實則在「賭輸贏」。

案例：投資還是投機？阿哲的困惑之路

阿哲是大學畢業兩年的業務員，因為在 YouTube 看到一支介紹「當沖賺 5 萬」的影片，便開設券商帳戶開始短線交易。起初幾次賺到快錢，他以為自己找到了「正職以外的財富管道」，開始大量借錢加碼。

但市場轉向時，他不僅瞬間虧光本金，還背上五萬元信用貸款。他回顧當時才發現：

- 他對標的公司一無所知
- 他從未設定停損
- 他靠的是臆測而非分析

在經歷虧損後，他選擇重新學習資產配置與風險管理，從 ETF 與定期定額開始建立長期投資習慣。他說：「我不是不該進市場，而是不該抱著賭徒心態進市場。」

投資思維的五大建構原則

(1) 先建緊急預備金：沒有防火牆，進場等於裸奔。

(2) 先學資產分類，再談報酬率：搞清楚股票、債券、基金、ETF 的差異。

(3) 設定投資目的與時間長度：清楚你的資金是為了三年後買房，還是二十年後退休。

(4) 定期檢視而非天天盯盤：投資應以「累積」為主，而非「預測」為主。

(5) 學會與波動共處，而不是逃避風險：風險不可避免，但可以被理解與對應。

小結：別讓「賺快錢」的幻覺毀了真實的財富累積

當你分不清投資與投機的差別，就容易把市場當賭場，把希望押在機率上，而非策略與知識上。真正的財富累積，不靠僥倖，而靠紀律、耐心與長期思維。

要問自己：我是在追報酬，還是在管理風險？

第二節
什麼是「風險」？什麼是「報酬」？

拆解風險：不是輸錢而是變數

在多數人的直覺裡，「風險」常被等同於「損失」或「失敗」。但在財務與投資語言中，風險其實是指「結果的不確定性」。這種不確定性可能導致損失，但也可能帶來超預期的報酬。

風險不是壞事，它只是提醒我們：所有的報酬都有代價，沒有穩賺不賠的投資。

常見的投資風險種類

1. 市場風險（Systematic Risk）

來自整體經濟波動，如股市崩盤、利率變化、政治動盪。

2. 信用風險（Credit Risk）

對方無法履約的風險，如公司債券違約。

3. 流動性風險（Liquidity Risk）

資產無法及時賣出換現金，例如冷門股票或房地產。

4. 利率風險（Interest Rate Risk）

當利率上升，固定收益資產價格下降，常見於債券投資。

5. 通貨膨脹風險（Inflation Risk）

購買力隨時間下降，若資產報酬率不及通膨即為實質損失。

理解報酬：不是多賺，而是超過什麼

報酬（Return）簡單來說是投資所產生的獲利。這個獲利的衡量可以是：

◆ 絕對報酬：你實際賺了多少錢
◆ 相對報酬：你的表現是否優於其他投資選項或指數（如大盤）
◆ 實質報酬：經過通膨調整後的真實購買力變化

報酬從來不是獨立存在的，它永遠和風險連動。你必須問自己：「我為了這個報酬，承擔了多少風險？」

案例：小盈的投資轉念

小盈是一位行銷新人，因為朋友推薦買入一檔高配息個股，第一年領到 8% 現金股利讓她信心滿滿。但第三年，公

第三章　認識風險與報酬：投資不等於賭博

司營運惡化，股價腰斬且配息中斷。

她才意識到：

- 配息高不等於穩定報酬
- 她未評估公司基本面與產業風險
- 沒有分散投資，資產重壓單一標的

小盈後來改採資產配置方式，將資金分散投入 ETF、債券與定存，報酬雖不如初期誘人，但資產波動大幅降低，讓她能安心睡覺。

「風險與報酬」的黃金原則：風險越高，報酬越大？

這句話並不完全正確。應該是：「風險越高，潛在報酬可能越大，但成功機率越低。」

高報酬永遠來自承擔某種風險，而不是靠運氣或內線消息。真正聰明的做法是：

- 找出自己能承受的風險（風險容忍度）
- 配置出最適合自己目標的投資工具（資產配置）
- 持續監控與調整，而非一時激動下注

建立風險感知力的練習

- 閱讀基金與股票公開說明書:養成辨識風險因子的習慣
- 模擬投資平臺操作:不花錢先感受市場波動與虧損壓力
- 記錄投資後的心理感受與行為變化:提升風險情緒管理能力

這些行為能逐步讓你對「風險」不再只剩恐懼,而是轉為理解與掌控。

小結:在風險與報酬之間,找到你的位置

你不必選擇最高的報酬,也不需迴避所有風險。真正的重點是:了解自己能承受的波動,設定合理目標,並採取符合自身狀況的策略。

風險,是財務自由路上的常客。學會和它共處,而不是試圖排除它,才是真正成熟的投資行為。

第三節　年輕是最大的資本？

年輕人的最大優勢：時間與可塑性

投資界常說：「時間就是金錢。」這句話對年輕人而言，意義尤其深遠。因為時間越長，複利效應越明顯；而時間越早，學習錯誤與修正成本越低。年輕意味著人生仍處在資產累積的「黃金初段」，所謂「越早開始，越穩越快」。

心理學家艾瑞克森（Erik Erikson）的人格發展理論指出，20～30 歲是建立自我與探索方向的重要階段。這個階段，若能同時培養理財與投資的基本觀念，不僅能幫助個人經濟獨立，也為後續的職涯與家庭階段建立穩定基礎。

複利與年輕：時間帶來的威力

以每月投入 3,000 元、年報酬率 6% 為例：

- 若從 25 歲開始，到 65 歲退休，資產累積約為 600 萬元以上。
- 若從 35 歲才開始，最終僅累積約 300 萬元。

兩者差距的原因不是金額或利率，而是「時間」。這種幾何成長型的結果正是複利的真義。

案例：小柔的十年計畫

小柔是一位剛從國立大學畢業的社工師，月薪只有 31,000 元，但她在大學時期就開始閱讀理財書籍。出社會後，她每月定期定額投入 3,000 元於 ETF，並控制支出建立緊急預備金。

她設定「三年財務緩衝金」、「五年進修基金」、「十年自由選擇權」三個階段性目標。到了 35 歲，她不僅存下了第一桶金，還可彈性選擇轉職到非營利組織而不擔憂收入減少。

她說：「因為我早開始，我能選擇想過的生活。」

年輕人容易忽略的三大資本

(1)時間資本：投資的每一筆時間都會被放大影響，晚十年就得付出兩倍努力。

(2)學習資本：此階段具備高度可學性，能快速吸收財經知識與觀念。

(3)風險承擔力：相較於已婚或有家庭者，年輕人對市場波動的容忍度更高，可適度承擔長期報酬較高的投資商品。

第三章　認識風險與報酬：投資不等於賭博

常見迷思：「我沒錢，不能開始投資」

其實不需要有大筆資金才能進場。許多銀行、證券商與數位理財平臺皆提供「小額投資」、「零股投資」與「定期定額」方案。例如：只要 1,000 元就可投資 ETF 或債券型基金。

重要的是養成習慣、建立紀律，而不是金額高低。你越早練習，就越早看見成效與成長。

小結：現在的你，就是最大的本錢

年輕不是用來等待的，是用來累積的。當你越早進入財務規劃的賽道，不只增加資產，更鍛鍊思維與選擇力。

記住：真正的「資本」，不只是錢，而是你的時間、學習力與風險承擔力。這三者，在你年輕時最強，也最值得善用。

第四節　通膨與購買力的消失魔法

什麼是通膨？為何每年都覺得錢變小？

通貨膨脹（簡稱通膨，Inflation）是指一般物價水準持續上升的現象。當通膨發生，代表一樣的金額可以購買的商品與服務變少，購買力隨之下降。

舉例來說，若一杯咖啡在 2020 年是 50 元，2025 年漲到 60 元，那這五年間的通膨率約為 20%。換句話說，當你的薪水沒有跟上物價漲幅，你就等於「變相變窮」。

臺灣的通膨現況與趨勢

根據行政院主計總處發布的資料，臺灣 2024 年全年平均消費者物價指數（CPI）年增率為 2.18%，連續第三年超過 2% 的通膨警戒線。雖屬中等偏低，但長期累積下來仍會對中低薪族群造成實質負擔。

此外，特定項目如房價、教育、健康照護、育兒成本等，其上漲速度遠超整體通膨，導致實質購買力持續遭到侵蝕。

第三章　認識風險與報酬：投資不等於賭博

案例：文婕的存款為什麼越來越不夠用？

文婕是剛升遷的企劃主管，五年前她每月可輕鬆儲蓄 1 萬元，感覺生活無虞。然而近兩年，她發現即便薪水提升至 48,000 元，每月結餘竟降至 3,000 元。

她重新檢視支出後發現：

◆ 房租由 9,000 元漲到 11,000 元
◆ 通勤成本上升（油價、票價調漲）
◆ 外食平均每餐漲 5～10 元

這些變動看似不大，卻因為通膨長期累積，導致儲蓄能力大幅下降。

為何年輕人更該關心通膨？

許多年輕人認為通膨是財經新聞才會談的話題，跟自己無關。但實際上：

◆ 通膨會侵蝕你的儲蓄：放在低利活存帳戶的錢，若利率低於通膨率，就是「實質在貶值」。
◆ 通膨會推高未來生活成本：未來買房、教育、醫療、退休都將更昂貴。

◆ 通膨會隱性壓縮選擇權：你不知不覺間為維持現有生活品質付出更多，卻得削減其他目標。

如何對抗通膨？

（1）提升收入：持續增加人力資本價值，提高工作技能、語言能力、跨域能力。

（2）投資報酬需跑贏通膨：定期定額投資基金或 ETF，年報酬應力求超越通膨（至少 3% 以上）。

（3）資產配置分散風險：不要把資金全部放在低利存款，應有一部分資金投入可抗通膨資產（如 REITs、不動產、黃金等）。

（4）增加財務彈性：建立緊急預備金、控制支出、簡化生活結構。

小結：對抗通膨，就是守住未來生活品質

通膨不是新聞裡的數字，而是每天悄悄侵蝕你人生選擇的力量。你越忽視它，它對你傷害越大。

但當你懂得觀察通膨、理解通膨、主動管理財務策略，你就能轉被動為主動，守住自己的未來生活品質。

第五節　投資報酬率的計算與陷阱

什麼是投資報酬率？

投資報酬率（Return on Investment, ROI）是衡量你在某項投資上獲得多少報酬的指標，公式如下：

總報酬率＝（投資現值－投資成本）／投資成本 ×100%

舉例來說，如果你用 1 萬元買股票，半年後賣出得到 1 萬 2 千元，那麼你的報酬率就是：

$(12,000 - 10,000) / 10,000 = 0.2 = 20\%$

但這只是表面數字，報酬率的背後還藏著許多陷阱與誤解。

年化報酬率與期間的重要性

很多人看到「報酬率 30%」就覺得很厲害，但沒有看清楚「這是在一年內、三年內，還是十年內達成的？」

年化報酬率（Annualized Return）會將時間考量進去，讓不同投資期間的表現可以做合理比較。

舉例來說：

第五節　投資報酬率的計算與陷阱

- A 投資一年賺 10%→年化報酬率為 10%
- B 投資三年總報酬為 30%→年化報酬率約為 9.1%

從年化報酬率看，B 其實表現略遜於 A。

稅費與通膨：你真的賺那麼多嗎？

當你計算報酬率時，必須扣除以下成本：

- 交易稅與手續費：如股票買賣、基金平臺手續費。
- 通貨膨脹：5% 報酬若通膨為 3%，實際報酬只有約 2%。
- 時間成本：如果這筆錢三年都無法動用，是否值得？

真實世界中的「報酬率」往往不如你看到的亮眼，需要考慮全貌。

案例：以為賺到，其實虧了的小柏

小柏投入 5 萬元買一檔熱門基金，一年後帳面顯示成長 12%，他欣喜若狂。但實際檢視後發現：

- 管理費與信託費 1.8%
- 買賣手續費 1.5%
- 同年度通膨為 2.5%

經扣除後，實質報酬僅約 6％。他說：「我以為基金很穩，結果實際淨賺不到一半。」

四種報酬率陷阱與破解法

陷阱一：只看總額不看期間
→使用年化報酬率比較長短期投資。

陷阱二：未扣除成本與風險
→評估稅費、通膨與時間成本後再下結論。

陷阱三：單點數據判斷
→觀察趨勢與穩定性，不以單月或單年報酬下結論。

陷阱四：以為高報酬不會變動
→檢視報酬來源與未來是否具持續性。

如何自我訓練評估報酬能力？

（1）記錄自己的投資每筆交易與變化：建立「報酬紀錄簿」。

（2）嘗試不同投資期間的模擬：了解波動與潛在結果。

（3）用年化報酬、實質報酬作比較分析：不要只看數字大小。

第五節　投資報酬率的計算與陷阱

小結：不是賺多少，而是賺得合理

投資報酬率看似簡單，卻藏著許多被放大的數字與被隱藏的成本。理性評估與真實計算，才能讓你不被浮誇數字騙去熱錢，也不因一時虧損失去長期方向。

記住，報酬從不單獨存在，它總是伴隨風險與成本同行。

第六節
時間複利魔法：早一點開始的威力

什麼是複利？

複利（Compound Interest）被譽為「世界第八大奇蹟」，是財務成長中最神奇也最可靠的力量。簡單來說，複利就是利滾利，你的資產在產生報酬後，連同原本的本金一起再投入產生新的報酬。

複利計算公式如下：

報酬率（％）＝（最終價值－初始投入）÷ 初始投入 ×100
$$A = P \times (1 + r)^n$$

其中：

◆ A：未來總值（本利和）
◆ P：原始本金
◆ r：年報酬率
◆ n：年數

第六節　時間複利魔法：早一點開始的威力

為什麼越早開始越好？

複利的關鍵在於「時間」這個變數。你越早啟動，資產就有越多次滾動、累積報酬的機會。差一年的開始，最後結果可能差數十萬元。

舉例：

- A 從 25 歲開始每月投資 3,000 元，年報酬 6％，投到 65 歲，總資產超過 600 萬元。
- B 從 35 歲才開始，相同條件，最終僅累積約 300 萬元。

時間就是加速器。早十年，不只是多十年錢，更是多幾十萬、幾百萬的複利。

案例：小恩的複利人生翻轉

小恩是研究所剛畢業的新鮮人，工作穩定後決定每月投入 3,000 元在 ETF。儘管朋友勸她「等收入高一點再存」，她仍堅持開始。

十年後，當朋友才剛開始理財，小恩已累積第一桶金，不僅有旅遊與學習預算，也因複利效果自動增加資產成長。她說：「不是我多會投資，而是我早開始。」

年輕人不開始的三個藉口

（1）我錢太少，不值得投資：但正因為錢少才更需要靠時間放大。

（2）我以後再學也不晚：其實「學」本身就是一種資產累積。

（3）我先享受，之後再存也來得及：通膨與延遲會偷走你所有的起跑優勢。

複利不只發生在金錢

複利其實也適用在知識、人脈、習慣、健康等各種人生面向：

- 每天閱讀 10 頁書，一年就累積 3,650 頁，等於 12 本書的知識量；
- 每週投資 1 小時學英文，三年後可能具備職場雙語能力；
- 每天跑步 30 分鐘，五年後擁有一副穩定健康的身體。

投資習慣其實就是「微行動」的持續累積。

第六節　時間複利魔法：早一點開始的威力

小結：今天種下種子，未來才能長成森林

時間不是阻礙，而是最可靠的助手。財富從來不是一夕爆發，而是日積月累。早一點開始複利，不只是讓你變富，更是讓你有「選擇的自由」。

當你有錢不因運氣，而因為紀律與堅持，那就是財務自由的開始。

第七節
高報酬＝高風險？還是騙局？

高報酬的迷思與吸引力

「只要投資這個商品,每月穩定領回 10%！」——這類話術總讓人心動,特別是在經濟壓力大、薪資成長有限的年代。許多人希望透過一次選對「高報酬」投資翻轉人生,但在財務現實中,這種思維往往通往陷阱。

我們需要釐清一個關鍵概念:不是所有高報酬都值得追求,也不是所有高風險都能承擔。更重要的是:有些「高報酬」根本不是風險,而是騙局。

風險與報酬的真實關係

經濟學與財務理論中的「高報酬＝高風險」邏輯,是建立在市場機率分布與長期統計回測上的。這代表若一項投資可能產出遠高於平均報酬,理論上應同時伴隨相對更高的價格波動與虧損機率。

但是,如果一個產品或平臺標榜「固定高報酬、保證獲利、無風險」,這就違背了風險與報酬的基本對應原理。

第七節　高報酬＝高風險？還是騙局？

案例：立翔的高報酬教訓

立翔是一名工程師，因朋友介紹加入一個海外虛擬貨幣投資平臺，聲稱每月穩定 10% 獲利，只要「自動跟單」即可無腦獲利。起初他真的每月收到「收益截圖」，於是投入 10 萬元，三個月後加碼至 30 萬。

不久後，平臺突然停止出金、網頁關閉、客服失聯。他驚覺落入龐氏騙局。事後他說：「我根本沒搞懂對方賺錢的模式，只因報酬高就信了。」

這是許多人對「高報酬」誤解與貪念造成的結果。

常見高報酬騙局特徵

(1) 保證獲利：沒有人能保證市場獲利。

(2) 資訊不透明：不清楚投資標的是什麼、資金流向不明。

(3) 強調高現金回饋與快速回本：試圖引導你「越快投入越好」。

(4) 用「見證人」或「成功學」故事壓你情緒：強化「你也可以翻身」的幻想。

(5) 有拉人頭制度、返佣結構：與直銷與龐氏騙局結合。

高報酬是否真的值得追求？

高報酬投資不是不能做,而是你要清楚:

- ◆ 是否經過風險評估與風險管理？
- ◆ 是否在你可承擔的風險範圍內？
- ◆ 是否能提供足夠資訊與報表讓你追蹤？
- ◆ 是否與你的財務目標與年期相符？

投資不是追逐「最會賺錢」的標的,而是選擇「最適合你的風險與目標」的資產。

低風險也能有合理報酬？

是的！長期穩健型投資如:

- ◆ 指數型ETF(如臺灣50、S&P500):長期年化報酬5～8%
- ◆ 債券ETF、定期定額債券型基金：3～4%
- ◆ 高股息殖利率股票：年配息率可達4～6%,但波動仍需注意

這些報酬看似不高,但加上時間與複利,將形成驚人的長期財富。

如何保護自己不被「高報酬陷阱」欺騙？

（1）每次投資前自問：「這報酬合理嗎？」

（2）多查證資訊來源、使用官方金管會平臺查詢登記資訊。

（3）不要因親友推薦就放下懷疑：受害者常來自熟人連結。

（4）小額試探為保命金留底：永遠不要「壓身家」。

（5）保持學習與懷疑並行：越懂，越不易被騙。

小結：看穿幻象，比追求高報酬更重要

真正的理財不是追逐夢幻報酬，而是懂得風險與報酬的本質。高報酬有其機會，也有代價，但「穩賺不賠」絕對是神話。

能分辨誘惑與機會，是現代財務素養的起點。

學會質疑，看懂機制，堅持紀律——這才是你面對高報酬時最堅固的盔甲。

第三章　認識風險與報酬：投資不等於賭博

第四章
常見投資工具入門

第一節
定存與活存：風險最低的起點

為什麼從定存與活存開始？

對於理財新手而言，最容易上手且最安全的兩個投資工具，莫過於「活期存款」與「定期存款」。雖然這兩種方式的報酬率通常偏低，甚至被戲稱為「放著錢慢慢睡」，但在財務規劃中，它們扮演著不可取代的角色 —— 提供安全感與資金彈性，是財務金字塔底層的穩定基石。

活存與定存有什麼不同？

活期存款（活存）：是可以隨時存取的資金工具，通常利率極低，約在 0.2％左右，但資金流動性高，適合用來支付日常開銷或作為備用金。

定期存款（定存）：是把資金鎖定一定期間（如 1 個月、3 個月、1 年等）並獲得固定利率的存款方式。利率略高於活存（一般約 1.5％～ 2.2％），但若提前解約，利息可能減半或取消。

第一節　定存與活存：風險最低的起點

項目	活期存款	定期存款
流動性	高	低
利率	約 0.2%	約 1.5%～2.2%
適合對象	日常生活資金	短期儲蓄與保守資金
解約限制	無	有

案例：從穩定開始的佳瑩

佳瑩是一名剛出社會的會計助理，月薪 32,000 元。她知道自己還不懂投資，也不想冒風險，於是選擇先建立緊急預備金，並將其中一部分放進定期存款。

她的分配策略如下：

◆ 每月薪資留 10,000 元於活存帳戶，作為生活與交通費
◆ 將每月存下的 5,000 元設為定存，選擇 6 個月期，利率 2.1%
◆ 若有額外年終獎金，會選擇 12 個月定存方案

一年後，佳瑩不僅存下第一筆六位數資金，還因養成紀律而更有安全感。她說：「從活存與定存開始，不用懂太多也能養成理財習慣，最重要是我感覺財務有了著力點。」

何時該選活存，何時該用定存？

1. **每月開銷與突發支出→活存**

    如房租、水電、交通費、保險與家庭支援等流動開銷。

2. **儲蓄短期目標（3個月至1年）→定存**

    例如旅遊基金、進修課程、購買筆電或家電。

3. **建立緊急預備金的分層策略→活存＋定存混合**

    第一層：1～2萬元活存可即時動用。

    第二層：3～6個月生活費定存輪替式設計。

常見問題與注意事項

1. **是否該選數位銀行？**

    →數位銀行如 LINE Bank、將來銀行等提供較高活存利率（最高可達 2%），但通常有限額與條件限制，適合資金不大的年輕族群

2. **定存的「提前解約」會不會損失很多？**

    →提前解約通常僅給付活存利率，若資金流動不穩，建議勿全額做定存

3. 該選固定利率還是浮動利率？

→一般定存為固定利率,浮動較少見,除非利率趨勢明顯升高,否則不必過度考量

小結:穩健是理財的第一步

別輕看「存錢」這件事,它是你對自己未來的承諾。定存與活存提供了穩定與彈性,是邁向複利與投資之路前的重要預備階段。

在這個收益誘惑處處的年代,能不急著進場、願意穩穩打基礎,本身就是一種智慧。

第二節　基金是什麼？怎麼選？

基金的基本定義與特性

基金（Mutual Fund）是由專業機構將多位投資者的資金集合起來，投資於多種金融商品如股票、債券、貨幣市場工具等的一種「集合投資工具」。

換句話說，你不是自己選股、買債，而是將錢交給基金經理人，由他們代為管理與操作。

基金的特點包括：

- 分散風險：一檔基金通常會同時持有多個標的，有效降低單一市場變動的影響。
- 專業管理：由經理人與研究團隊負責決策，適合沒有時間深入研究市場的投資者。
- 低門檻參與：定期定額每月可只需 1,000 元即可參與。
- 多元選擇：股票型、債券型、平衡型、貨幣型、產業型等，應有盡有。

常見基金種類簡介

(1) 股票型基金:以股票為主要投資標的,波動大但報酬潛力高。

(2) 債券型基金:投資國債、公司債,波動小,適合保守型投資人。

(3) 平衡型基金:同時配置股票與債券,追求穩定成長。

(4) 貨幣市場基金:流動性高、風險低,類似高利活存。

(5) 指數型基金:追蹤特定指數表現,管理費較低。

案例:韻婷的基金起手式

韻婷是一名行銷企劃,因工作忙碌無暇研究個股。她選擇定期定額投資一檔全球股票型基金,從每月 2,000 元開始。三年來,她分別增加投資金額並加入新興市場債券基金搭配,獲得平均每年 6.5% 的報酬率。

她說:「我一開始只懂得儲蓄,沒想到基金投資這麼彈性又穩定。」

如何挑選適合自己的基金?

(1) 確認投資目標:是為了三年後購屋?還是二十年後退休?

(2) 了解自己的風險承受能力：波動忍受度與時間長短是關鍵。

(3) 查閱基金公開說明書與年報：看清楚持股標的、區域配置、報酬波動、基金規模與經理人歷史績效。

(4) 注意費用結構：包含申購手續費、管理費、保管費等，長期投資應控制成本。

基金投資的誤區與提醒

(1) 績效不代表未來：過去三年冠軍基金，不代表未來仍領先。

(2)「高配息」未必划算：可能來自本金而非獲利，需查看配息來源。

(3) 過度集中單一市場或主題：如科技、AI 等題材波動大，需注意分散風險。

基金平臺與工具推薦

(1) 臺灣大型基金超市如：鉅亨買基金、基富通、永豐金證券。

(2) 比較工具如：Smart 智富、Morningstar、基金健診工具。

(3) 可使用數位銀行 App 定期定額設定。

小結:基金是投資與穩健之間的橋梁

對於沒有時間與經驗的上班族,基金是最容易上手的投資管道。關鍵不在於挑到「賺最多」的那一檔,而是:

◆ 持續投入
◆ 分散風險
◆ 控制情緒

若你願意用每月薪水中的一小部分,買進未來的可能性,基金將是你穩健起步的好選擇。

第三節
股票投資：從看得懂的公司開始

股票是什麼？你擁有的不只是紙面數字

股票代表你對一間公司的「部分擁有權」。當你購買一家公司的股票時，你成為該公司的股東，分享它的經營成果，也承擔它的風險。

與基金相比，股票投資是一種更直接的市場參與方式。報酬來自兩個方向：一是資本利得，也就是股票買入與賣出的價差；二是股利收入，來自公司將盈餘發給股東的現金或股票。

不過，由於股票價格受市場情緒、經濟變化、公司營運等多重因素影響，波動幅度大，投資人應對風險有清楚認知。

新手該從哪裡開始？

1. 選擇看得懂的公司

從你熟悉的產業與品牌開始，例如常用的通訊公司、生活用品製造商或臺灣科技公司。理解其商業模式、產品線與未來展望，是入門的重要步驟。

2. 基本面分析

學會閱讀基本財務數據,包括:

- 每股盈餘(EPS):衡量公司獲利能力
- 本益比(P/E ratio):股價相對盈餘的評價指標

3. 股東權益報酬率(ROE):評估資本效率

- 淨利率、營收成長率與負債比等
- 觀察產業趨勢與企業治理
- 了解企業是否具備永續經營能力,是否在 ESG、科技轉型等面向有布局。

案例:志勳的股市起手式

志勳是資訊工程師,對科技產業充滿興趣。他從臺灣幾家上市半導體公司著手,研究其財報與市場地位。他每月投入固定金額,採「定期定額」買入熟悉的股票,不急於進出。

三年後,他除了穩定累積資產,也因參與股東會與法說會而提升職場見聞。他說:「原來投資股票可以讓我更理解自己工作的產業鏈,這是一種雙贏。」

第四章　常見投資工具入門

股票投資的核心策略

（1）長期投資勝過短期炒作：穩定獲利來自企業成長，而非短期股價波動。

（2）分散風險：不要重壓單一產業或個股，可同時持有不同產業的公司。

（3）設定停損與停利點：避免過度貪婪與恐慌主導決策。

（4）搭配 ETF 或基金進行配置：分散系統性風險，提高整體投資穩定性。

投資者常見的迷思與警訊

1. **便宜的股票就是好買點？**

　　→股價下跌可能反映公司基本面惡化。

2. **熱門股一定能賺？**

　　→當大家都在追，可能早已偏離合理價值。

3. **只看技術線圖就夠？**

　　→技術分析有用，但不能忽略基本面與總體經濟因素。

小結：買股票，就是買企業的一部分

股票投資不該只是買賣的遊戲，而是一種對企業價值的長期認同。當你投資一家你真正理解、信任的公司，你不只是在累積財富，更是在參與經濟發展與社會變革的過程。

不要用賭徒的心態買股票，而要用企業主的眼光挑公司。這樣的投資，才能讓你在市場的波動中站穩腳步、累積成果。

第四節　ETF 是什麼？為什麼現在年輕人都愛？

ETF 的基本概念與原理

ETF，全名為「交易所交易基金」（Exchange Traded Fund），是一種結合了基金與股票雙重特色的投資工具。它像基金一樣分散投資、追蹤某個市場或產業指數，但又像股票一樣可以在股市中即時買賣。

ETF 通常追蹤某一指數（如臺灣 50、S&P500），投資人可用相對低的成本取得一籃子股票的分散效果，因此在近十年受到全球投資人，特別是年輕族群的熱愛。

為什麼 ETF 適合新手？

（1）分散風險：買一檔 ETF 等於同時持有多檔股票，不會因單一公司崩盤而重傷資產。

（2）低費用結構：ETF 通常為被動型基金，管理費低於主動型基金。

（3）靈活交易：可像股票一樣即時買賣，且買入門檻較低，適合小額投資者。

(4) 透明性高：持股成分公開透明，每日公告淨值與追蹤績效。

案例：佩珊的 ETF 自由計畫

佩珊是文創業的自由工作者，收入不穩定但有儲蓄意識。她選擇將每月多出的資金投資在追蹤 S&P500 指數的 ETF 上。三年下來，她不但享有約 7％ 的年平均報酬，也避免了選股壓力。

她說：「ETF 讓我有機會參與全球市場，但不必每天盯盤，也不怕一家公司出包。」

ETF 與股票、基金的比較

特性	ETF	股票	傳統基金
交易方式	股市即時交易	股市即時交易	一天一價，無即時交易
成分	多檔標的組成	單一公司	多檔標的組成
費用	低	低	較高（含手續與管理費）
分散風險	有	無	有
適合新手	高	中	中

ETF 的種類與挑選重點

（1）市值型 ETF：如臺灣 50、MSCI 全球市場，追蹤整體股市表現。

（2）產業型 ETF：聚焦科技、金融、電動車、AI 等領域，波動較大但成長潛力高。

（3）債券型 ETF：較穩定，適合保守型投資人建立現金流。

（4）高股息 ETF：主打穩定配息，如國內熱門的 00878、0056 等。

挑選重點包括：追蹤指數的穩定性、基金規模是否充足、成交量與費用結構。

小結：ETF 是投資工具的懶人包，也是效率包

ETF 為年輕人提供一個低門檻、高效率、低成本的投資方式。你不必當專家、不用選股、不需盯盤，也能參與全球經濟成長。

對於想開始投資但不知從哪下手的你，ETF 是一條值得信任的起點。它讓你以低門檻、分散風險的方式參與市場，不需擔心選錯個股的壓力，也能穩健累積資產。而投資真正的核心，不只是價格的起落，而是一種對企業價值的長期認

同。當你投資一家你真正理解、信任的公司，你不只是在累積財富，更是在參與經濟發展與社會變革的過程。這不僅是資金的投入，更是理念的實踐與未來的共創。

不要用賭徒的心態買股票，而要用企業主的眼光挑公司。這樣的投資，才能讓你在市場的波動中站穩腳步、累積成果。

第五節
外幣、債券與其他工具簡介

多元工具補充資產配置的完整性

除了常見的股票、基金、ETF 之外，現代投資者還應該了解幾個重要但常被忽略的投資工具，包括：外幣、債券、REITs（不動產投資信託）、黃金、結構型商品等。這些工具雖然不像股票波動劇烈，卻能在不同市場情境下提供分散風險的功能。

外幣投資：不是只靠「賺匯差」

投資外幣的方式主要包括：

- 買入高利外幣活存（如美元、澳幣）
- 投資外幣計價的債券或保單
- 匯率投機（較高風險）

新手通常可從「高利率外幣活存」著手，例如：有些銀行提供美元 1 年期存款利率達 5%以上。

但需注意：

- 匯率波動可能抵消利息收益
- 外幣投資需設定停損與獲利點，避免盲目凍資

債券：穩定收息的長期夥伴

債券是政府或企業向投資人借錢，定期支付利息、到期返還本金。常見類型包括：

- 政府公債（如臺灣公債、美國國債）
- 企業債（信用評等越高，風險越低）
- 高收益債（又稱垃圾債，利率高但風險也高）

債券優勢在於：

- 收益穩定、波動小
- 適合退休規劃、保守型配置
- 可透過債券 ETF、債券基金間接投資

REITs、不動產信託：小資也能投資房地產

REITs（Real Estate Investment Trust）讓投資人可以以少量資金間接擁有商辦大樓、物流倉儲、醫療設施等不動產資產，並分享租金收益與資本利得。

優點包括：

- 每月或每季穩定配息
- 相對抗通膨資產
- 部分 REITs 於臺股上市（如富邦建設 REITs）

其他工具簡介：黃金、結構型商品、儲蓄保單

(1) 黃金：抗通膨資產，適合長期避險，可透過黃金 ETF 或實體黃金存摺投資。

(2) 結構型商品：與利率、指數、匯率掛鉤的金融商品，風險複雜，新手慎入。

(3) 儲蓄型保單：兼具保險與儲蓄功能，報酬率較低，適合極度保守型資金配置。

小結：工具不同，目的也不同

了解這些投資工具，不是要你全都投，而是為了能根據不同目標與風險承受度做出最合適的配置。

記住：不是商品複雜就代表高級，也不是簡單工具就代表沒效率。最重要的是，用對工具、用在對的時機，才是明智的投資人。一個低門檻、高效率、低成本的投資方式。你不必當專家、不用選股、不需盯盤，也能參與全球經濟成長。

第六節　複利與配息投資策略

複利與配息：財務成長的雙引擎

在財務成長的路上，複利（Compound Interest）與配息（Dividend）是兩個最穩定、最有效的資產增值機制。複利是「錢滾錢」的力量，而配息則是「讓錢每年幫你工作」的實質回饋。

將這兩種策略結合，將幫助你在保守與進取之間找到平衡，也建立出穩定成長的資產累積節奏。

什麼是複利？

複利指的是：投資產生的利息或收益會自動加入本金，再一起產生新的收益，隨時間增長，效益呈指數型成長。

舉例：

- 若你每月投入 3,000 元、年報酬率 6%，30 年後資產約為 280 萬元以上
- 若只靠單利（不複利），30 年後僅累積約 160 萬元

關鍵在於：時間＋紀律＝複利奇蹟。

第四章　常見投資工具入門

配息策略：讓現金流成為資產成長的推手

配息是企業或 ETF 將盈餘分配給股東的方式，分為：

- 現金股利：直接撥款入帳，可再投資或作為生活費
- 股票股利：發新股給股東，間接增加持股比例

臺灣投資人特別偏好「高股息策略」，主要原因包括：

- 增加現金流，有助退休或被動收入規劃
- 心理上有「有賺到」的實感

但也應注意：

- 配息不是獲利的保證
- 過高殖利率可能來自股價大跌
- 配息來自本金的 ETF 可能實質沒有增值

案例：育禎的雙核心理財法

育禎是 30 歲的設計師，工作穩定但不想冒太多風險。她採用「複利＋配息」雙策略：

- 每月定期定額投資全球股票 ETF（長期成長）
- 配置一部分資金於高股息 ETF（如 0056、00878）

配息金額不多,但她都再投入原標的進行複利操作。五年下來,資產穩健成長,也讓她更有信心退休後建立月配息的現金流結構。

如何執行複利與配息投資策略?

(1) 挑選具長期成長潛力的標的:如全球指數 ETF、美股大盤基金。

(2) 設定自動再投資:選擇「股利再投入」選項或自行操作。

(3) 長期持有不動搖:忽略短期波動,重視時間複利的力量。

(4) 控制投資比例:不要為了追求配息而忽略總報酬與風險結構。

小結:讓資產幫你累積資產

複利與配息不是短期致富術,而是穩定增值的核心。當你願意讓資產每年自我增長,再將收益投入新的資產循環中,你會驚訝於幾年後的財務轉變。

投資不是比誰跑得快,而是比誰跑得久。讓複利與配息成為你資產的自動導航系統,是財務自由最實用也最溫和的

力量。了解這些投資工具，不是要你全都投，而是為了能根據不同目標與風險承受度做出最合適的配置。

第七節
投資工具怎麼組合比較穩?

為什麼資產配置比選對標的更重要?

在投資領域中,有一句經典的說法:「不要把所有雞蛋放在同一個籃子裡。」這句話背後的概念就是資產配置(Asset Allocation)。與其努力猜對哪支股票會飆升,不如學會怎麼將資金穩健地分散配置於不同風險與收益特性的投資工具中。

根據多項國際研究,包括美國財務學家 Brinson 等人的分析,投資組合的整體績效中,有超過 90% 的變異,來自於資產配置,而非選股技巧或進出時機。因此,對於新手投資人而言,學會怎麼分配資金,比選中「標股」更關鍵。

資產配置的三大原則

1. **風險分散**

同時持有股票、債券、現金、ETF、REITs 等資產類別,以降低單一市場下跌時的損失風險。

2. 目標導向

根據個人目標（購屋、退休、子女教育）設定不同的配置策略與投資期限。

3. 動態調整

每半年或一年檢視一次組合表現與市場變化，適度微調比例。

案例：靖雯的分層理財模型

靖雯是 32 歲的行政主管，收入穩定但面臨未來三年內想買房、十年內育兒、三十年後退休等多重財務目標。

她的資產配置策略如下：

- 短期目標（1～3 年）：現金＋定存＋短期債券 ETF（30%）
- 中期目標（3～10 年）：高股息 ETF＋平衡型基金（40%）
- 長期目標（10 年以上）：全球股票型 ETF＋REITs（30%）

這種依照時間、目標與風險承受度分層的方式，讓她在追求成長的同時，也保有資金流動性與穩定性。

常見的資產配置範例

投資人風格	股票	債券	ETF	現金／定存
保守型	20%	50%	10%	20%
穩健型	40%	30%	20%	10%
積極型	60%	10%	25%	5%

這些數字只是參考模板,每位投資人都應根據自己的「風險容忍度」、「資金可用性」、「人生目標」與「收入穩定性」自行調整。

工具應用:如何打造自己的投資組合?

(1) 列出所有可用資金與流動性需求:先決定可以長期投資的資金比例。

(2) 選擇主要工具類別:如 ETF、基金、股票、債券、外幣、黃金等。

(3) 設定比例與再平衡機制:例如每年檢視各類資產的比重,若偏離原定策略超過 5%,就重新調整。

(4) 搭配自動化工具與記錄平臺:可使用記帳 App、投資分析平臺追蹤組合績效。

小結：不是選一個最強，而是搭配出最穩

穩健的資產組合不是靠單一工具成就，而是透過多元工具交錯搭配，在市場上漲時參與成長、在市場下跌時保有緩衝空間。

投資的重點不在於追逐最高報酬，而在於讓你的資金「全年穩定工作」，陪你走過每一個人生階段。會組合、敢調整、能堅持，就是最穩的策略。

第五章
新手避坑指南：
別讓自己成為韭菜

第五章　新手避坑指南：別讓自己成為韭菜

第一節　詐騙手法全攻略

為什麼你容易成為韭菜？

在資訊爆炸的年代，投資詐騙手法層出不窮，特別是針對剛踏入理財世界的新手。根據內政部警政署 2023 年統計，投資詐欺案件占整體詐欺案件的 31.13%，為比例最高的詐欺手法。此外，18～39 歲的青壯年族群為詐欺案件的主要受害者，占比達 57.14%，顯示年輕族群在面對詐騙時需特別提高警覺。

這不是因為你不夠聰明，而是因為你「剛好進場，還不熟悉市場規則」；因為你「想加快致富，卻忽略風險邏輯」。詐騙不靠高科技，而是靠高心理戰術。

常見詐騙類型全解析

1. 高報酬保證型詐騙

- ◆　話術：保證月領 8%、穩賺不賠、本金無風險
- ◆　拆解：違反風險與報酬正比原則，屬典型「龐氏騙局」

2. 假投資平臺型詐騙

- 話術：用精緻 App 或網站吸引，開戶即見獲利，實為虛構數據
- 拆解：無金管會核可、無第三方監管、出金困難

3. 戀愛投資詐騙（殺豬盤）

- 話術：以交友名義接觸，取得信任後導向投資平臺
- 拆解：情感勒索與金錢勾結，情緒綁架更致命

4. LINE 群組名師帶單詐騙

- 話術：老師盤感準、免費帶單、保證盈利
- 拆解：群組成員多為假帳號，模擬氣氛炒熱後誘導匯款

5. 變形直銷與虛幣詐騙

- 話術：結合加密貨幣、AI、元宇宙、NFT 等熱門題材，誇大潛力
- 拆解：無實際產出、無現金流、收入只來自拉人頭

案例：子翔的高報酬夢魘

子翔是一位職場新鮮人，加入某 Telegram 頻道後被「老師」指導投資虛擬貨幣。起初帳面每週都顯示獲利，他在兩

第五章　新手避坑指南：別讓自己成為韭菜

個月內投入 30 萬元。但當他提出出金申請時，平臺卻要求「先繳 10%稅金」，之後便再也無回應。

報警後才得知，整個平臺是詐騙集團設計的假投資系統，連客服都是真人詐騙團隊。他說：「我不是笨，是因為一開始根本沒料到會有人『設計整個平臺來騙人』。」

詐騙話術破解對照表

話術關鍵字	背後陷阱	正確應對
保證獲利	違反市場風險本質	高報酬必然高風險
免費教學、快速致富	用「免錢」包裝誘導信任	學習需要時間與驗證
限時名額、老師只收 10 人	操作群體壓力引導決策	不因壓力倉促轉帳
稅金保證金先繳	出金前要你再掏錢，基本是騙局	法律規定無需預繳投資稅金
出金困難要等主管審核	模擬企業運作假象	合法平臺出金即時、流程透明

如何辨別真假投資平臺？

(1)查詢是否有金管會核備登記：可至金管會網站或公開基金資訊查詢平臺驗證業者資訊。

(2)注意官網與 App 是否符合國際安全標準。

(3)觀察出金流程、客服回覆時間與條款清晰度。

(4)看是否有實體營業據點與真實財報揭露。

自我防衛的五大守則

(1)不急轉帳、不信保證、不看帳面數據就行動。

(2)遇到高報酬提案,必須諮詢第三方(家人、朋友、合法顧問)。

(3)留紀錄:截圖、錄音、存對話紀錄,有助報案與法律程序。

(4)加入官方投資警示平臺,如 165 全民防騙與金管會風險警示。

(5)被害不可恥,拖延才會擴大損失:立即停損、報警、不拖延。

小結:不被騙,不靠機靈,而靠知識與制度

金融詐騙不是因為你蠢,而是因為你相信人性不會設局。但世界並不總是善意的,尤其當錢與欲望交織時。

面對詐騙,最好的防衛不是「不碰投資」,而是提升金融素養、建立風險意識與慢一步做決策的習慣。

第二節　保證獲利？先想保命

「保證獲利」的甜言蜜語背後是什麼？

「這個方法保證每月 10% 報酬」、「本金保證不會虧損」、「穩賺不賠，連媽媽都能投」——你可能在社群、群組、直播或 LINE 訊息裡看過這類話術。這些宣稱往往令人心動，因為它戳中了兩個人性核心：貪婪與恐懼。

在真實的市場中，沒有任何合法金融商品能保證穩定高報酬而無風險。若有人宣稱「保證」、「無虧損」、「每月現金流」而不提供清楚的資產運作機制與風險揭露，那你應該先不是問「能賺多少」，而是「我會不會先沒命」。

「保證」的語言陷阱解析

1. 語意模糊誘導

- 「幾乎不會虧」、「回測十年都正報酬」、「只要不出意外就會穩賺」
- 實為故意避談風險、或以過去績效合理化未來預期，未揭露潛在變數

2. 權威背書包裝

- 假冒金融名人、前金管會官員、名校背景
- 使用合成影片、假簡報或造假證書來「增加可信度」

3. 情緒操控策略

- 使用「你不投等於落後」、「現在不上車以後後悔」的焦慮語言
- 透過團體效應讓人降低警覺（如群組大量貼文稱「我也投了」）

案例：志豪的「保證計畫」風暴

志豪是一位外送員，辛苦工作多年後想為孩子存下教育基金。透過朋友介紹，他參加一場免費財商講座，講者聲稱只要投入10萬，每月就能「穩定配息」並「全程由老師操作」。

一開始他每月都領到2,000元現金，不到半年便將存下的30萬元全數投入。但在第八個月，出金突然延遲，「客服」告知需補繳稅金、加保證金後才能解鎖帳戶。最後平臺關站、聯絡方式全斷，志豪才驚覺自己陷入龐氏騙局。

他說：「他們用我的焦慮、愛孩子的心、還有對數學的不熟，設了一套完美的陷阱。」

第五章　新手避坑指南：別讓自己成為韭菜

投資的基本原則：報酬來自風險承擔

在金融市場中，「報酬」永遠來自「風險」。這是經濟學與財務理論的核心邏輯。市場給予你的利潤，是因為你承擔了價格波動、信用風險、資產減損的可能。

任何忽略風險的投資，等同於忽略火災存在而買房子。任何聲稱「沒有風險」的投資人或平臺，都應立即啟動你的警鈴。

如何辨識「偽保證型」投資商品？

宣稱內容	判斷依據
每月穩定固定報酬	合法商品無法「保證」固定現金流
沒有損失機會	金融市場波動不可控，不可能完全無風險
初期返利穩定	前期「甜頭」為掩飾龐氏結構或詐騙機制
對產品機制講不清楚	若說「演算法、量化系統、老師在操作」但不透明，就是高風險訊號
保證本利返還	真正的資本市場不能保證本金完全歸還

心理學視角：為何你會相信保證？

根據行為經濟學家丹尼爾・康納曼（Daniel Kahneman）的研究，人類在面對未知與壓力時，傾向尋求「確定感」，即使這種確定感來自錯誤來源也會造成短期安慰。這稱為「損失規避效應」（Loss Aversion）。

第二節　保證獲利？先想保命

詐騙者正是利用這點設計「保證型商品」，讓你在財務焦慮、時間緊迫或家庭責任下，寧可相信一個虛構的承諾，也不願面對風險與不確定。

真實世界的安全投資，長什麼樣子？

- ETF 平均報酬 5～8%，但每年波動 10%以上
- 儲蓄險年報酬約 2%，但流動性低
- 臺股年平均報酬約 8%，但經歷過金融海嘯、疫情、戰爭
- 美國公債收益 2～4%，但價格會隨利率變動起伏

換句話說，「穩定」不等於「保證」、「低風險」不等於「無風險」。凡有報酬，必有條件與代價。

小結：投資不是信任，而是驗證

當你聽到「保證獲利」這四個字，請反射性地問自己：「這世界真的有免費的午餐嗎？」如果答案是「也許有」，那你應該先想的是：「這頓午餐會不會讓我拉肚子？」

在投資前，請先想保命，先確認安全，再思考報酬。最好的防詐方式，就是訓練自己對任何「過於美好」的提案，保持警覺、查證、延遲行動。

第三節　無腦跟單、聽老師的下場

「老師說買」就真的能賺錢嗎？

「我是在投資，不是賭博，是老師帶我操作的」、「群組裡有很多前輩，我只要照做就好」——這些話語看似合理，實際上卻是讓人放棄判斷、依賴他人，最終反成詐騙溫床的第一步。

近年來，許多社群平臺與通訊軟體湧現大量「帶單老師」、「免費分析群」、「直播喊單課」等形式，表面上是投資社群，實際上卻是心理操控場域，讓人逐漸失去思考能力與風險評估力。

「跟單」文化的三大陷阱

1. 缺乏獨立思考

當你只根據「老師說」下單，你無法辨別其邏輯正確與否，也無法面對虧損時做出適當判斷。

2. 心理依賴成癮機制

「每天等訊息→照抄→一時賺錢→上癮」是一種快感循環，會讓人誤以為這是自己的能力，忽略風險。

3. 風險轉嫁與責任模糊

虧錢時責怪老師，賺錢時誤以為穩賺，導致根本沒有建立起自己的投資框架與行為紀律。

案例：子寧的跟單後悔記

子寧是一名行政助理，因朋友介紹加入某 Telegram 投資群。群內老師每天分析走勢，並於盤中即時喊單。前三次跟單都有小賺，她便投入更多資金，甚至開始使用信用貸款加碼。

直到某天老師推薦一檔高槓桿 ETF，在瞬間暴跌 30％時，群組突然封鎖，老師失聯，帳號被踢出。她最終損失超過 15 萬元。她說：「我從頭到尾不知道我買的是什麼，只知道老師說會漲。」

真實市場中沒有所謂「神人」

不論是所謂的「技術大神」、「期貨王」、「法人內線」，這些頭銜或許包裝得再漂亮，但只要你沒有看到其實際操作邏輯、資產配置與風控原則，那就不是專業，而是包裝。

合法的財務顧問需具備證照（如 CFA、CFP、投信投顧人員），並依法揭露身分與報酬結構。反之，在社群隨意提供建議者，若無任何監管與責任機制，僅憑經驗或聲望喊單，就是一種高風險行為。

第五章　新手避坑指南：別讓自己成為韭菜

如何擺脫「無腦跟單」依賴？

（1）建立基本投資知識架構：閱讀基礎書籍、學習 ETF、基金、風險分散概念。

（2）強化資料來源判讀力：不只看 K 線與漲跌，要學會解讀財報與基本面。

（3）設定交易紀律與目標：每次進出都寫下原因與期待，事後檢討與記錄。

（4）找回責任歸屬：告訴自己「這是我的錢，我得為決策負責」。

小結：你不能把希望交給一個網路暱稱

「老師說買」不是投資邏輯，是偷懶藉口。任何一位真正的理財規劃人員都會告訴你 —— 沒有人可以代替你對自己的資金負責。

理財的本質是學習做判斷，而不是學習依賴。與其期待別人帶你賺，不如建立一套你自己看得懂、用得久的決策系統。

第四節　加密貨幣可以碰嗎？

區塊鏈、虛擬幣、Web3：炙手可熱的投資新寵？

「幣圈一日，人間十年」——這句話反映了加密貨幣世界的急速變化與高風險。從比特幣（Bitcoin）崛起到以太坊（Ethereum）、再到各種 DeFi、NFT 與穩定幣的風潮，越來越多年輕人湧入虛擬資產市場，希望一夕致富，也有人因此血本無歸。

加密貨幣到底能不能碰？其實答案不是「能」或「不能」，而是「你是否知道自己在做什麼」。

加密貨幣的基本運作邏輯

（1）去中心化技術：不依賴政府或金融機構，交易記錄寫入全球共享的區塊鏈中，難以竄改。

（2）供給稀缺性：如比特幣總量固定為 2,100 萬枚，具通縮特性。

（3）市場 24 小時無休、波動劇烈：價格波動可能短時間翻倍或腰斬。

（4）缺乏監管與法規保障：多數加密資產平臺不受金管會監理，帳戶被盜、交易爭議難以追索。

第五章　新手避坑指南：別讓自己成為韭菜

案例：靖安的幣圈震盪記

靖安因朋友推薦，投入 5 萬元買進某熱門新幣，初期獲利 30%，信心倍增，加碼至 20 萬元。但不久該幣種因開發團隊捲款潛逃，幣價崩跌九成，連主流幣種也跟著下滑。他說：「我以為自己進場的是科技革命，沒想到經歷的卻是一次詐騙翻本秀。」

這不代表所有幣都是詐騙，而是說明這個市場高度依賴信任與認知能力，一旦判斷失誤，損失難以挽回。

該碰加密貨幣嗎？請先自問三件事：

1. 這筆錢虧掉你會痛嗎？

    →投入金額應是你願意承擔全損的比例。

2. 你是否了解這個幣的用途與發行機制？

    →不懂就買，等於投機而非投資。

3. 你有長期關注市場並做功課的時間與紀律嗎？

    →幣圈變動快，不適合被動參與。

如何安全參與加密貨幣？

(1) 選擇有信譽的交易所:如臺灣核准的平臺,或全球前十大所(如 Binance、Coinbase)。

(2) 啟用雙重驗證與冷錢包儲存:避免駭客入侵與平臺倒閉風險。

(3) 資產配置中占比不宜過高:建議控制在整體資產的 5%～ 10%以內。

(4) 先從穩定幣與主流幣開始熟悉機制:勿急於追漲或聽信未經證實的新幣種。

加密貨幣不等於未來,也不等於泡沫

它是一種技術創新,也是一場資本賽局。

你可以將它視為「高波動的資產類別」,與股票、債券、黃金等共同納入資產組合中進行管理,但千萬不能把它當作「保證致富」的工具。

小結:
加密貨幣不是你能不能碰,而是你能不能懂

面對新興資產,不要全盤否定,也不要無腦投入。真正有能力參與加密貨幣市場的人,不是消息跑得快,而是理解

第五章　新手避坑指南：別讓自己成為韭菜

夠深、心態夠穩。

　　與其問能不能投，不如問自己「有沒有做好風險管理」。如果答案是否定的，請你先學會看懂區塊，再來碰幣圈。

第五節
傳直銷、炒幣、NFT 你要懂

包裝得越新潮,陷阱藏得越深

在這個資訊更新快、名詞翻新的年代,投資陷阱早已不是你我印象中的「簡訊騙局」或「電信詐騙」,而是披著科技外衣、金融術語、網紅包裝的新型誘餌。傳直銷、炒幣、NFT,不再只是投資的選項,更成為騙局或高風險行為的化身。

許多人一聽「傳直銷」就提高警覺,但一看到「Web3、AI 交易、元宇宙 NFT」就全然放下防備。實際上,它們背後常藏著同一套遊戲規則:利用資訊落差與心理操控吸引不知情的投資者上鉤。

傳直銷:從保健品到「區塊鏈事業」

傳統直銷強調人際網絡與產品銷售,但近年愈來愈多傳銷模式轉向「加盟制」、「分享經濟」、「裂變收入」,甚至包裝成「去中心化商業模式」,其本質仍是依賴拉人頭與層層分潤的金字塔結構。

話術範例：

- 「不賣產品，只要加入、分享就能被動收入」
- 「每推薦一人你就有 10% 回饋，往下三層還有分潤」

風險特徵：

- 大量收入來自新會員，而非產品銷售本身
- 強調「團隊文化」、「全球擴展」、「提前退休」夢想
- 要求一次性購買高額方案換取身分與收益權利

案例：

美容師小雅加入一個名為「全球鏈創事業」的組織，花六萬元購買虛擬幣與數位產品組合，獲得「總監資格」。她拉進十位朋友，每人投資五萬元，前兩個月收入翻倍，第三個月組織就此解散，網站關閉、幣價歸零。

她說：「我以為自己做的是創業，結果不過是用信任換現金，最後大家都成了受害者。」

炒幣：賺得快，也跌得快

「這支幣正在起漲點」、「三天內翻三倍」、「專人喊單、零失誤」——這些話術，是幣圈世界裡最常見的陷阱開場白。

炒幣不是加密貨幣的原罪，而是對波動與槓桿的無節制

第五節　傳直銷、炒幣、NFT 你要懂

濫用。尤其是在沒有基本面、僅靠社群熱度與假訊息的情況下操作新幣，其風險遠高於股票市場。

炒幣常見現象：

◆ 僅靠 Telegram 群、YouTube 直播、推特話題操作
◆ 操盤人或 KOL 拉抬價格後倒貨（俗稱 Pump & Dump）
◆ 缺乏監管平臺，出金延遲或直接關站

辨識重點：

◆ 若一檔新幣連白皮書、技術團隊都查不到，極可能為空殼幣
◆ 避免參與來路不明平臺的理財商品與槓桿工具

NFT：創作的未來還是泡沫的再製？

NFT（非同質化代幣）是區塊鏈技術在藝術、音樂、遊戲資產等領域的延伸應用，本身具有創新潛力。然而，自 2021 年以來 NFT 市場爆發後，不少投機者與詐騙集團將其變成快速套利的工具。

話術與誤導：

◆ 「限量 1,000 枚，將來可漲百倍」

第五章　新手避坑指南：別讓自己成為韭菜

- 「加入 NFT 社群，即享活動、演唱會門票與分潤機會」
- 「藝術家聯名作品，未來可轉售賺差價」

案例：

視覺設計師柏諭花費 8 萬元購入一組音樂 NFT 組合包，主打「享終身演唱會 VIP」、「可轉手賺價差」。不久主辦平臺宣告資金週轉不靈，NFT 無法交易，平臺下架，主事者失聯。

他說：「買的不是資產，是一個破掉的夢。」

面對「創新」，我們應有的四項判斷力

(1) 產值追問：這個工具是否真正創造了價值？還是僅靠資金流動與炒作驅動？

(2) 風險承擔：這筆錢虧掉會不會改變你的生活？

(3) 訊息來源交叉驗證：資訊是否來自可信機構、開源社群或具備追查性？

(4) 獨立思考而非集體從眾：你是因為理解而參與，還是因為群體熱潮？

第五節　傳直銷、炒幣、NFT 你要懂

小結：辨別「投資」與「投機」之間的語言差異

　　傳直銷、炒幣、NFT 不是罪惡，但如果它們的對象是無知而渴望翻身的年輕人，它們就成為了危機的引信。

　　當你分不清「夢想」與「話術」，當你用「感覺」代替「計算」，當你看到高報酬卻忽略風險機制──那你已經離被收割不遠了。

　　用同理心看創新，用批判性看投資，這才是新時代投資者該有的思維。真正的理財高手不是預測市場的人，而是能控制情緒、有紀律地執行計畫的人。

　　記住：恐懼讓你錯過機會，貪婪讓你錯判風險，而冷靜，才會讓你一步步走向財務自由。

第六節
投資與情緒：恐懼與貪婪的循環

市場在波動，人心更劇烈

每一場市場的崩跌、每一波價格的飆漲，都伴隨著一樣的情緒模式 —— 恐懼與貪婪。你可能不是不會分析財報，也不是不懂分散風險，但卻總是在「該冷靜時瘋狂、該堅持時恐懼」。

根據美國行為經濟學家羅伯特・席勒（Robert Shiller）的研究，市場大多數的極端行為來自情緒驅動，而非理性分析。這也是為什麼，即便有完整知識的專業人士，也難以避免追高殺低。

投資情緒循環圖：韭菜的共通路徑

- ◆ 懷疑：行情開始上漲時，大多數人仍處於觀望
- ◆ 興奮：媒體開始報導，親友開始分享賺錢心得
- ◆ 貪婪：買進、加碼、甚至動用槓桿，深信還會更高
- ◆ 恐慌：回檔後放大損失，開始懷疑決策
- ◆ 絕望：砍在最低點，只為「止血」

- 後悔：反彈開始，懊惱自己沒堅持
- 重複：下一波行情，再次進入循環

這就是典型的「韭菜模式」。不是因為知識不足，而是因為情緒無法控制。

案例：俊霖的追高殺低記

俊霖在 2021 年看到新聞報導一檔科技 ETF 兩年漲幅翻倍，便匆忙投入 30 萬元。買進後 ETF 開始修正，他連續三週夜不成眠，最終在跌幅達 15% 時停損出場。不久後該 ETF 反彈 30%，他卻因懼怕再次受傷，未再進場。

他說：「我其實什麼都沒學到，只學到我很不適合投資。」但真相是，他缺的不是知識，而是情緒紀律。

為什麼你總在錯的時候做錯的事？

(1) 群體認同壓力：人們更容易在群體中做出非理性決策，錯誤行為被合理化。

(2) 損失規避心理：相較於獲利，人們對「虧損」的恐懼大上兩倍 (Kahneman & Tversky, 1979)。

(3) 過度自信偏誤：以為自己能掌握市場轉折，實則高估自身能力。

第五章 新手避坑指南：別讓自己成為韭菜

(4)資訊焦慮症候群：過度關注即時訊息，導致過度交易與情緒波動。

建立投資情緒的「安全邊界」

(1)制定進出場紀律：設定停利與停損點，事前規劃、事後執行。

(2)使用自動化投資機制：如定期定額、再平衡機制，減少主觀操作。

(3)限制查看帳戶頻率：每天盯帳只會加深焦慮，每月檢視即可。

(4)將焦點從短期報酬轉向長期目標：建立目標導向型投資觀，不追逐短線刺激。

小結：戰勝市場之前，先穩定你自己

你不是輸在知識，而是輸在情緒。真正的理財高手不是預測市場的人，而是能控制情緒、有紀律地執行計畫的人。

記住：恐懼讓你錯過機會，貪婪讓你錯判風險，而冷靜，才會讓你一步步走向財務自由。

第七節　如何建立自己的判斷系統

別讓市場替你做決定

投資市場從來不是為新手設計的。它既不溫柔，也不公平，更不會因為你剛進來就手下留情。你若沒有一套清晰可操作的判斷系統，不論你聽了誰的建議、用了什麼平臺，終究只是在憑運氣下注，而不是在管理風險。

真正的投資，不是學會猜未來，而是學會處理不確定。這一切，從你建立自己的判斷系統開始。

為什麼你需要一套「判斷系統」？

（1）抗干擾能力：在社群與媒體資訊爆炸下，不自亂陣腳。

（2）風險辨識能力：能在誘惑與熱潮中看出風險來源與類型。

（3）自我校準機制：虧損時不崩潰，獲利時不過度膨脹。

第五章　新手避坑指南：別讓自己成為韭菜

判斷系統的五大核心模組

1. 目標導向模組：你投資的目的是什麼？

- ◆ 是三年內買房、還是二十年後退休？
- ◆ 每個目標對應的工具、風險與時間都不同

2. 風險容忍模組：你能承受的最大跌幅是多少？

- ◆ 若一筆投資一週跌 10％，你會加碼、觀望還是全數出場？
- ◆ 可藉模擬帳、回測歷史案例訓練風險忍受度

3. 資訊來源評估模組：誰的話該信、怎麼查？

- ◆ 看懂金管會核可名單、媒體報導來源、是否有廣告利害關係
- ◆ 建立自己的可信名單（例：ETF 追蹤官網、財報平臺）

4. 紀律決策模組：不因情緒而下單、不因流行而追價

- ◆ 設定投資條件與再平衡機制
- ◆ 例：只買 ROE 連三年穩定超過 15％的股票

5. 回顧與修正模組：定期檢討，持續優化

◆ 每月檢視資產變化、每季調整組合策略
◆ 投資筆記養成習慣，記錄每次決策的「為何」

案例：沛恩的個人判斷系統筆記法

沛恩是一名科技業工程師，曾因「跟老師買股」虧損 20 萬。他痛定思痛後，決定建立自己的投資紀律。他將每次買入與賣出的理由、情境與當時的情緒記錄在 Google 表單中，建立「投資日誌系統」。

三年後，他不僅財務翻正，更成為同事口中「最冷靜的投資者」。他說：「不是我比別人聰明，而是我比以前的自己更誠實。」

如何開始打造屬於你的系統？

(1)從一頁紙開始，列出：目標、資產類別、可承擔風險範圍、每月預算。

(2)設定明確策略，如：每月定期定額、遇到 20% 獲利即停利、波動大於 15% 即檢視是否減碼。

(3)使用 Google Sheets、Notion、紙本筆記皆可，重點是可回顧、能修正。

第五章　新手避坑指南：別讓自己成為韭菜

(4)每月設定一個學習主題，例如：「本月學會看基金說明書」、「本季了解 ETF 類型」。

小結：不靠天分，靠系統

你不需要變成金融博士，也不必追求「次次都對」的預測。你需要的是一套能陪你走長路、幫你在混亂中找出答案的系統。

判斷系統讓你能夠在市場最熱時冷靜，在最冷時堅持，在最難時避免慌張決策。

投資不是看誰跑得快，而是誰不迷路。建立自己的判斷系統，就是在茫茫市場裡為自己畫出一張明確的地圖。

第六章
理財不只有投資：
保險、稅務與現金流

第六章　理財不只有投資：保險、稅務與現金流

第一節
必要保險入門：你只需要這三種

為什麼年輕人也需要保險？

對多數剛踏入職場的小資族來說，「保險」這兩個字總顯得遙遠，不少人甚至認為等到成家立業、有車有房之後再來考慮保險也不遲。越早開始規劃風險管理，越能以最低的成本取得最高的保障。在這個保費逐年上漲、醫療費用節節高升的時代，年輕時期投保其實正是打下未來安全基礎的關鍵時機。

保險的本質，不是為了讓你致富，而是用來防止貧窮。當突發的重大支出來襲，如車禍、重病或是家庭事故，如果沒有適當的保險協助，將可能拖垮一個人多年累積的資產。因此，了解自己真正需要的保險種類，是每一位理性理財者的基本功。

第一種：
健康醫療保險 —— 守住基本生活的防線

現代醫療科技發展迅速，但相對的，醫療費用也不斷攀升。根據衛福部資料，臺灣癌症平均治療費用一年可達新臺幣百萬元以上，而健保雖然能承擔基本醫療，但自費項目與

第一節　必要保險入門：你只需要這三種

新式治療往往不在給付範圍內。

健康醫療保險又可細分為實支實付型與重大疾病險兩類：

◆ 實支實付型保險：補償實際產生的醫療費用，幫助你在住院、手術等醫療行為中減輕財務壓力。
◆ 重大疾病險：當被保人罹患特定重大疾病（如癌症、中風、心肌梗塞）即一次性給付一筆保險金，讓你在療養期間能專心對抗病魔，不必擔心生活費用來源。

選擇健康醫療保險時，保額與理賠門檻需特別注意。年輕人投保的最大優勢在於保費便宜、核保容易，等到身體已有既往症再來申請，往往困難重重，甚至會被拒保。

第二種：
意外傷害保險 —— 預防生活中的突發危機

保險的價值往往在於你無法預測的時候發揮作用。即使你年輕、身體健康、生活規律，也無法保證下一秒是否會遇到意外。根據衛生福利部與交通部統計資料，2022 年臺灣因事故傷害死亡人數為 11,692 人，其中交通事故造成的 30 日內死亡人數為 3,064 人，受傷人數達 499,179 人。

意外險通常提供以下幾種保障：

◆ 意外身故與失能給付

- 意外醫療費用補償
- 骨折、燒燙傷等特定傷害的定額給付

特別提醒的是,許多年輕人誤以為信用卡附贈的旅遊保險等於已經有意外保障,其實這類保險多數僅涵蓋出國期間,且理賠範圍有限,遠遠不夠應付日常生活中的風險。因此,自行投保一份基本的意外險,是一項相當實用且保費低廉的選擇。

第三種:定期壽險 —— 讓責任延續的保險

壽險這個名詞,對年輕人而言可能有些陌生甚至感到抗拒。不過若你已經成家,或者有經濟上需照顧的父母,定期壽險就是一份責任的象徵。

定期壽險的概念是:如果不幸過世,受益人可以獲得一筆保險金,幫助家人度過經濟困境。這筆錢可能是孩子的學費、伴侶的生活費,或者是償還未清的房貸。

定期壽險和終身壽險不同,保障期間通常為 10 年、20 年或至 65 歲,保費相對較低,適合小資族以有限預算取得高額保障。例如:一位 30 歲無菸男投保 500 萬元定期壽險,每年保費可能不到新臺幣 5,000 元,卻能在責任最重的時期提供家人重要的經濟支柱。

如何配置這三種保險？

保險的配置並非越多越好，而是要「剛剛好」。以下是簡單的投保順序建議：

(1) 先保重大風險，再處理小風險：從重大疾病險與意外險開始著手，確保自己能應對難以負擔的開銷。

(2) 補足醫療保障缺口：透過實支實付型醫療險強化健保不足之處。

(3) 視責任需求配置壽險：如果有家庭責任，則定期壽險應納入考量；反之則可依情況調整。

此外，盡量選擇單一型的保障，不要為了追求「投資型」保險而犧牲保障成分。金管會也多次提醒，保險不是投資工具，不應將兩者混為一談。

案例：職場新鮮人如何聰明投保

以科技業新鮮人王小姐為例，年薪約 80 萬元，單身、租屋、尚未有家庭責任。她原先認為年輕不用急著保險，直到一次騎車摔倒造成手腕骨折，住院三天後自費部分近 3 萬元，才開始重新思考風險管理的重要性。

她後來的配置如下：

◆ 意外險保額 300 萬元（含意外醫療每日 1,000 元定額補貼）

- 實支實付醫療險每日上限 3,000 元，年額 100 萬元
- 重大疾病險 100 萬元
- 無壽險配置

年繳總保費不到新臺幣 12,000 元，卻有效降低了未來突發事故對她經濟生活的影響。

小結：保險不是為了怕死，而是為了活得安穩

在理財之路上，許多人熱衷於投資報酬的追逐，卻忽略了風險管理的重要性。其實，理財的第一步，不是買股票，也不是開源，而是確保即使發生最壞的狀況，你依然能生活下去、照顧自己。

保險就是這份安全網，只要配置得當，能讓你更有信心面對未來的不確定。記得這個原則：「保險不該讓你致富，但該能防止你破產。」

第二節
「保本」迷思與保險錯誤觀念

保險不是投資,也不是存錢

在臺灣,多數人接觸保險的第一印象來自親朋好友的推薦,常常聽見這樣的話:「這張保單可以幫你保本,還有利息,比銀行定存划算!」這種行銷話術看似吸引人,實際卻混淆了保險的本質。事實上,保險的核心功能是風險轉移與財務保障,而非累積資產或創造報酬。

根據壽險業者與媒體報導,2024 年投資型與儲蓄型保單的銷售持續成長,反映出許多年輕族群傾向將保險視為一種理財工具。然而,專家提醒,若過度偏重投資與儲蓄功能,反而可能忽略了保險最根本的風險保障角色。以儲蓄型保單為例,實質報酬率往往低於 2%,保障內容也相對有限,一旦遭遇重大疾病或意外事故,實際給付金額可能遠低於實際所需。要真正做到財務安全,仍須回歸保障本質,合理配置壽險、醫療險與意外險,才能平衡投資與風險管理。

心理學家丹尼爾・康納曼(Daniel Kahneman)提出的「損失厭惡」理論指出,人們傾向避免損失多於追求獲利,因此

第六章　理財不只有投資：保險、稅務與現金流

對「保本」產品有高度偏好。然而這種心理偏誤卻讓保險失去了本來要保的風險防護意義。

投資型保單不是萬靈丹

金融市場波動大，2022年起全球股市進入高震盪階段，不少投資型保單出現「本金不保」的情況。根據消保處與壽險公會調查，有超過三成消費者在投資型保單中出現虧損，卻誤以為自己擁有保障功能。

投資型保單的複雜性高，包括標的風險、操作費用、解約條件等，一般消費者往往難以掌握。舉例來說，若投保後市場表現不佳，保單帳戶價值可能低於原始投入金額，解約還可能被扣除高額手續費。此外，部分投資型保單的壽險保障比例過低，真正發生事故時，受益人拿到的金額遠不如預期。

從風險管理的角度來看，若目的是保障人生風險，應優先選擇保障型保單，再依資金能力額外投資，兩者不應混為一談。正如美國投資人華倫·巴菲特（Warren Buffett）所言：「永遠不要投資你不了解的東西。」

儲蓄型保單不等於退休準備

不少人以為「保險儲蓄」是準備退休金的好方法，甚至有保險業務員以「20年後一次領回」為賣點，營造未來財務自由

第二節 「保本」迷思與保險錯誤觀念

的想像。但現實是，這些保單所謂的「利率」往往是預估值，並未保證給付。若中途解約，實得金額遠低於所繳保費。

根據壽險業者與媒體報導，2023 年壽險業的解約金額高達新臺幣 4,115 億元，創下七個月來新高，反映出儲蓄型保單在實務操作上存在資金流動性的壓力。許多保戶選擇在短期內解約，主因多為資金週轉困難或對保單報酬感到失望。由此可見，若保險產品過度綁定資金，不僅無法在急需時發揮作用，還可能削弱整體財務規劃的彈性與穩定性。選擇保險時，應審慎評估自身的流動需求與保障缺口，避免將保險誤當成單一的理財工具。

相比之下，真正的退休準備應該來自長期投資與定期檢視資產配置，例如運用 ETF、債券基金或臺灣勞退自提機制，配合風險承受度與時間規劃，遠比依賴一張儲蓄保單來得有效。

被包裝過的保單陷阱

部分保單產品名稱吸引人，例如「資產傳承計畫」、「富利人生」或「尊榮人生壽險」，但實際內容往往是高手續費、低保障、綁約期長的儲蓄型商品。許多消費者買進時不清楚內容，等到需要理賠時才發現保障範圍極窄。

尤其對小資族來說，這類保單雖然單筆保費看似負擔得起，但一旦長期繳款後無法解約、資金靈活性低，反而會對

整體理財目標產生負面影響。建議在購買保單前，務必逐條看清條款，並詢問是否有退保費用、繳費彈性、解約金規則等資訊。

如果不確定是否適合購買，可諮詢第三方保險顧問，而非僅依賴業務人員的銷售建議。保險業的資訊不對稱常導致消費者權益受損，唯有增加知識與審慎選擇，才能讓保險真正發揮風險轉嫁的效果。

善用比較平臺與保險顧問資源

臺灣現已有多個第三方保險比較平臺，如保險 e 把照、保險比較王等，提供不同保險商品的費率與保障內容比較，使用者可依年齡、需求、預算設定條件，快速找到適合的商品。不僅提高資訊透明度，也讓消費者在選擇時更有依據。

此外，2020 年後臺灣逐漸出現「收費型保險顧問」，不收取業務佣金，而是提供中立建議的顧問服務。這樣的模式讓消費者不必擔心建議受保險公司影響，更能針對自身需求做出最合適的保單配置。

未來保險業趨勢將朝向「保障核心化、商品透明化」發展，年輕人若能提早建立正確認知，將能用最合理的成本達到最佳的風險防禦。

第二節 「保本」迷思與保險錯誤觀念

小語:讓保險回歸初衷,守護你的人生

保險的功能不是投資報酬,也不是強迫儲蓄,而是以最小的成本轉嫁最大的風險。唯有撇除「保本」迷思、看穿銷售話術、正視保障缺口,才能真正把保險當成理財規劃中不可或缺的一塊。

別讓你對「不想損失」的恐懼,成為掏空財務的起點。讓保險成為你自信面對風險的底氣,而不是焦慮的來源。

第三節　年輕人一定要報稅嗎？

報稅，不只是責任，也是權利

對多數剛步入社會的年輕人來說，「報稅」可能像是一個遠在天邊的話題。有些人以為只有高薪族才需要報稅，有些則認為自己年薪不高，就可以忽略申報義務。然而，根據臺灣財政部國稅局的最新公告，即便是年收入未達基本免稅額者，也應該了解報稅流程，甚至主動申報，因為報稅除了是國民義務，也是一種財務權利的展現。

舉例來說，若你在某年度因為工作轉換、多筆兼職收入或短期合約而被扣繳了稅額，卻沒去報稅，那麼原本可以退稅的金額將被國庫沒收。此外，報稅能讓政府掌握你的收入紀錄，也有助於日後申請信用貸款、租屋、政府補助與勞保年資核對等。

年收多少才需要報稅？

根據 2025 年臺灣綜合所得稅規定，若單身且無撫養親屬者的年收入未超過新臺幣 44.6 萬元，一般來說不需要繳納所得稅。但這並不等於可以不用報稅。例如：若你是剛出社會的上班族，月薪 3 萬元，全年總收入約為 36 萬元，若雇主有

依規定預扣所得稅，你在隔年 5 月申報時仍可申請退稅。

而若你是兼職或接案族群，收入來源不固定，只要當年累積收入超過免稅門檻，也應主動報稅並檢視是否符合扣除額與列舉扣除。根據財政部數據，臺灣有超過 35% 的申報戶因未報稅而錯失退稅機會，尤其以 25～35 歲族群最為顯著。

報稅其實沒那麼難

許多年輕人對報稅心生畏懼，認為要準備一堆文件、計算公式複雜，其實隨著電子報稅系統普及，報稅流程比想像中簡單許多。只要有自然人憑證、健保卡或行動身分認證，即可在網路上完成報稅。

報稅的基本流程如下：

(1) 登入報稅系統（例如「財政部電子申報繳稅服務網」）

(2) 驗證身分

(3) 自動讀取所得與扣繳資料

(4) 檢查、填寫或修改資料

(5) 選擇標準或列舉扣除額

(6) 試算稅額，送出申報

(7) 若有應退稅額，可填寫帳戶供政府撥款

第六章 理財不只有投資:保險、稅務與現金流

整體流程花費時間不超過 30 分鐘,且系統會自動匯入大部分資料,降低出錯風險。對於初次報稅者,也有詳細的步驟說明與教學影片可參考。

退稅其實是你的權利

退稅,是許多小資族忽略的權利之一。只要你在年度內有被雇主預扣所得稅,又沒有達到應納稅額標準,就可能有退稅機會。例如:若你全年收入 38 萬元,被雇主扣了 3,000 元稅金,而經試算後實際應納稅為零,那麼這 3,000 元就會在隔年 6 月至 8 月間退回你的帳戶。

此外,若你有符合特定扣除額項目,例如學貸利息、租屋支出、保險費等,也可能進一步降低應納稅額。

報稅也影響你的信用紀錄與財務紀律

報稅紀錄也是你個人財務信用的一部分。當你日後想申請房貸、車貸或信用卡時,銀行會參考你的報稅紀錄來評估收入穩定性與還款能力。若你長年未報稅,即使實際收入不低,也可能因資料不完整而影響信用評分。

此外,報稅也是一種訓練財務紀律的機會。透過檢視過去一年的收入與支出,整理發票與單據,有助於回顧財務狀況、調整預算,甚至可以當成年度的「財務健檢」。這樣的自

我審視習慣,將有助於你更有系統地規劃未來資產配置與投資策略。

案例:報稅讓她多出了一筆旅費

以剛畢業一年、任職行銷公司的林小姐為例,她在 2024 年薪資總額為 40 萬元,因為有轉職過一次,前後兩家公司皆有預扣稅款。她原本以為年收入未破 42 萬就不需報稅,經同事提醒後才上網報稅,結果獲得 4,200 元退稅金額。

這筆退稅金額後來剛好補貼她安排日本旅遊的機票費用,也讓她體會到報稅並非只是行政義務,更是財務資源的一環。她也開始學會每月整理扣繳憑單、記錄保險與醫療支出,逐漸建立起基本的財務自理能力。

小結:不報稅,你可能錯失的不只是一張表單

對職場新鮮人而言,報稅是建立財務責任感的起點,也是善用制度回饋自身的策略。不要讓「收入太低不需要報稅」的迷思,阻擋了你拿回應得退稅的機會,或影響未來的信用紀錄。

記住,財務自由不是一夕之間達成,而是從一張張報稅單、一筆筆退稅金開始累積的過程。

第四節　了解所得稅與稅務規劃

所得稅是什麼？為什麼與你息息相關？

在臺灣，所得稅是每個自然人依法負擔的稅務之一，依據《所得稅法》，凡有收入者皆需依法申報。許多年輕人剛出社會會以為「反正薪資低，不會被課很多稅」，但若不清楚基本制度與規劃方式，反而可能繳了超額稅、錯失退稅機會，甚至未來在財務申報上出現漏洞。

綜合所得稅是針對個人一整年內的所有收入進行課稅。收入來源包括薪資、利息、股利、租金、兼職所得、獎金與海外收入等。若未依法申報，除了會面臨罰鍰，還可能對信用與政府相關審查產生影響。

舉例來說，2025 年度起，臺灣綜合所得稅採累進稅率制度，稅率從 5%～40% 不等，隨收入增加而提高。因此越早了解自己身處的稅率級距，越能預先進行節稅安排。

認識你的稅負結構：免稅額、扣除額與特別扣除

個人報稅時有三個重要的減稅機制：免稅額、扣除額與特別扣除額。了解這些項目，有助於計算真正應繳稅額，也能掌握節稅策略。

第四節　了解所得稅與稅務規劃

1. 免稅額

2025 年，單身者的基本免稅額為新臺幣 9.7 萬元，若有配偶或撫養親屬，每人可再增加相同金額。

2. 標準扣除額

單身者的標準扣除額為新臺幣 13.1 萬元，有配偶且採合併申報者為 26.2 萬元。

3. 特別扣除額

包括薪資所得特別扣除額（21.8 萬元）、教育學費扣除、儲蓄投資特別扣除、身心障礙特別扣除等多項稅賦優惠，這些項目合併起來，能有效降低你的應稅所得。例如：若你的年收入為 60 萬元，經免稅額、標準扣除額及相關特別扣除後，實際應稅所得可能壓低至 30 萬元以下，最終應繳稅額也會遠低於原先預期，甚至有機會落在最低稅率級距或免稅範圍內。

稅務規劃的四大關鍵原則

稅務規劃不是逃稅，而是在法律允許的範圍內，妥善安排收入與支出，讓你不多繳不必要的稅。以下四大原則是小資族在規劃所得稅時應掌握的重點：

(1) 合理延遲課稅時點：例如將獎金延後至下一年度發放，讓所得分散至不同課稅年度。

(2) 合法列舉扣除支出：包括租屋支出（需附契約與租金轉帳證明）、保險費、醫療費、學貸利息等。

(3) 家庭報稅方式選擇：夫妻可選擇分開報稅或合併申報，視哪一種繳稅較少而定。

(4) 善用可扣抵稅額：若有海外所得或股利收入，應計算可抵減稅額，避免重複課稅。

透過這些安排，即使你不是會計專業，也能用簡單的方法減輕稅負，保留更多可支配所得。

小資族適用的節稅工具

節稅不代表違法，而是智慧地使用政策設計的工具。以下幾項是對年輕人特別有利的稅務工具：

1. 薪資所得特別扣除額

每年可扣除 21.8 萬元，直接降低應稅所得，是每位上班族最基本的節稅好幫手。

2. 儲蓄投資特別扣除額

可扣除最高 27 萬元的利息所得，對有存款或小額定存者非常適用。

3. 自提勞退專戶

每月最多可自提薪資 6%，不僅延後課稅，還能累積退休金，報稅時亦可全額列為扣除額。

4. 公益捐贈與政治獻金

對有捐款習慣者，只要開立收據並符合規定，即可在報稅時列為列舉扣除。

善用這些工具，即可在無須調整生活模式的前提下，有效降低年度稅負。

報稅與理財策略的結合

報稅不該只是每年 5 月的例行公事，而應視為一種財務規劃的核心行動。報稅過程能幫助你回顧過去一年的收入組成，檢視支出項目、確認財務結構是否健全。

例如：若你發現自己的所得大多來自薪資，幾乎沒有投資或被動收入，可能就需要調整收入組合，分散風險並提升資本效率。或是你在列舉扣除時找不到任何可申報項目，表示你平時缺乏發票或收據紀錄，也提示你該建立更完整的財務追蹤系統。

把稅務視為財務系統的一環，你會開始理解：越懂報稅，就越懂得掌握自己的財富。

案例：如何從報稅中發現理財盲點

以從事行銷設計的洪先生為例，30 歲時開始自行報稅，第一年才發現自己的應稅所得高達 45 萬元，扣除額卻少得可憐。經諮詢保險顧問與會計師後，他調整投保型態、改為自提勞退，並開始記錄每一筆醫療支出與租屋轉帳紀錄。

第二年報稅後，他成功將應稅所得降低 12 萬元，退稅金額從第一年的 1,800 元大幅提升至 8,200 元。這讓他意識到，稅務管理其實也是理財能力的一部分，透過持續優化報稅內容，不僅省錢，還能強化財務掌控力。

小結：掌握稅務，才能掌握資產

所得稅不是政府單方面的收割，而是一場財務對話的開端。你越懂稅務制度，就越能做出有利自己的財務決定。每一次報稅都是一次財務健檢，也是一次調整收入結構與支出習慣的契機。

年輕人不該畏懼稅務，而應學會駕馭它。從理解制度、善用扣除，到整合為你的理財策略，稅務不再只是負擔，而是通往財務自由的另一道門。

第五節　小資也要學會現金流管理

為什麼現金流比存款更重要？

多數人談理財時最在乎的是存了多少錢、帳戶裡有多少餘額，卻很少注意每月的現金流狀況。實際上，真正能決定一個人財務穩定度的，往往不是存款金額，而是現金流的品質。現金流是衡量你生活自理能力的指標，掌握好現金流，即使薪資不高，也能累積財富、建立安全網。

根據 2024 年的一份報告指出，高達六成的年輕上班族無法準確說出上月總支出，這代表多數人在收入進帳後，不知錢去了哪裡。也因此，月光族與卡奴的問題，並非收入不足，而是現金流管理失衡。

解構你手中的每一分錢：從收入結構談起

一份穩健的現金流來自多元的收入組成。對多數小資族而言，薪資是主要來源，但並非唯一。兼職、接案、投資、利息與現金回饋等，也可構成「小額現金流」。例如：使用信用卡搭配現金回饋，可為每月消費節省 2%～5%；或利用政府數位學習補助、技能培訓獎勵金等，創造額外收入。

第六章　理財不只有投資：保險、稅務與現金流

但真正關鍵在於你如何安排這些現金來源。收入進帳後，應優先針對「必須支付」的項目（房租、水電、學貸），再分配儲蓄、投資與消費。這需要明確的優先順序與預設策略，避免「想花才花」的隨性模式。

支出的心理學：讓錢不再悄悄流走

支出常常不是理性行為，而是情緒決策的結果。心理學研究指出，人們對「小額支出」較不敏感，容易在咖啡、外送、便利商店等支出中積沙成塔。例如每日一杯百元咖啡，一年即為 36,500 元，等於一趟歐洲自助旅行的預算。

因應此情況，心理學家理察‧塞勒（Richard Thaler）提出「心理帳戶」（mental accounting）概念：人會依據用途將金錢分門別類，但不一定最有效率。你可能將年終獎金全數視為「獎勵金」用來大買特買，而忽略它原可成為儲蓄的一部分。

透過設立專屬帳戶（例如食衣住行娛樂分帳）、數位紅包機制（每週自動存入特定金額），能將支出從感性拉回理性。

當預算失效時，彈性調整才是關鍵

預算常被誤解為「約束」，其實它是你與金錢對話的方式。預算應該是活的，是可以根據生活狀態調整的工具。遇到突發開銷（如朋友結婚紅包、機車維修），預算會被打亂，

第五節　小資也要學會現金流管理

這時「預留調整額」與「移轉彈性」就非常重要。

建議設立「彈性支出池」，占月收入的 5%～10%，專門處理突發與季節性開銷。另外，可預先建立 3 個月的「緊急流動帳戶」，金額不需要太大，但可提供心理安全感，也能避免使用高利率的信用卡或借貸。

以時間為單位的現金流策略

許多理財書教你用百分比法分配收入（如 50／30／20 法則），但對收入不固定或正在經歷財務波動的年輕人來說，這種方法可能失效。此時，不妨改以「週」為單位思考現金流。

例如：每週可支配金額為 5,000 元，將其拆分為交通、食物、社交與儲蓄四大類，並於每週結算。這種「短週期管理」能提升掌控感，降低超支風險，也有助建立儲蓄慣性。

一項 2023 年的行為金融研究顯示，習慣每週檢視現金流的使用者，其年度儲蓄率平均高出對照組 23%。這證實現金流若與行為習慣結合，更能提升實際財務成果。

小結：現金流管理，是你與未來的對話方式

現金流管理並非只是控制花費，而是一種對未來負責的行動。小資族的資源有限，更需要有意識地配置每一筆收入與支出。

第六章　理財不只有投資：保險、稅務與現金流

　　當你學會讓每月收支變得有跡可循，當你能在突發事件中不慌不忙地應對，當你發現儲蓄帳戶穩定成長的同時，生活也不再被金錢牽著走，那你已經踏上真正的財務自由之路。

第六節　信用與負債管理

信用不是分數，而是你未來的通行證

「你知道你的信用評分嗎？」這個問題，在國外求職、租屋或申請貸款時再平常不過。雖然在臺灣「信用評分」並不像美國 FICO 分數那樣普及，但「個人信用」卻早已影響我們的日常生活，包括辦理信用卡、申請房貸、車貸、手機分期、甚至房東是否願意把房子租給你。

根據 2024 年的一份報告指出，20 ～ 35 歲族群中有超過 30% 曾因信用記錄不佳而影響金融服務申請。這顯示，建立與維持良好信用，不只是為了借錢，而是為了開啟更多選擇的可能性。

認識「負債」的兩種樣貌：好債與壞債

負債不一定是壞事，但關鍵在於你怎麼運用。財務管理學中常將負債分為「好債」與「壞債」。好債是為了創造資產或收入而舉債，例如學貸、房貸或創業貸款；壞債則是為了消費或非必要開支所產生的負債，例如信用卡分期、現金卡或高利率小額信貸。

好債通常具備三項特徵：低利率、有回收性（能創造現金流）、期限可控；壞債則反之，容易失控、成本高、無法帶來報酬。小資族的關鍵，在於學會區分與管理，而不是一味「不借錢」。

信用卡，是工具還是陷阱？

信用卡是現代消費者最常使用的金融工具之一，但若缺乏紀律與規畫，也可能成為債務的起點。以臺灣目前主流信用卡年利率約為 15%～20% 計算，若本期繳不出來，下期就會產生可觀的循環利息。

建議使用信用卡時應遵守以下原則：

- 每月全額繳清，不留循環利息；
- 控制使用張數，避免多卡管理混亂；
- 設定「刷卡上限」，例如不得超過月收入的 30%；
- 勿以卡養卡，避免落入債務雪球效應。

若能搭配自動扣款與帳戶提醒功能，信用卡不但可享現金回饋與分期優惠，還可逐步累積信用紀錄，對未來申貸有加分效果。

信用紀錄與聯徵：為什麼你的紀錄會影響貸款？

在臺灣，個人信用資料由「金融聯合徵信中心」（簡稱聯徵中心）統一管理。當你向銀行申辦信用卡、房貸、車貸等金融商品時，銀行會查閱你的聯徵紀錄，內容包括信用卡繳款紀錄、貸款繳息狀況、保證人紀錄等。

若曾有「遲繳」、「違約」、「被催收」等紀錄，將影響貸款核准與利率條件。這些紀錄通常保留 5～7 年，即使你已繳清也不會立即消失。換句話說，一次不慎，可能讓你多年信用形象受損。

反之，穩定的繳款行為、有紀律的使用信用工具，則能建立正面的信用評分，日後不論房貸、車貸，甚至企業貸款，皆能享有較佳條件。

面對債務問題，你該這麼做

如果你目前已經有負債壓力，請不要逃避。債務就像體重，不會因不看體重計就消失。應對策略如下：

- 整理債務清單：列出每筆負債的總額、利率、每月還款金額與期限。
- 優先清償高利債務：將資源優先投入利率最高的貸款，如現金卡或卡債。

第六章　理財不只有投資：保險、稅務與現金流

- 與銀行協商：可嘗試申請展延、降低利率或整合負債方案。
- 避免以債養債：除非是低利整合，否則切勿用一筆貸款去還另一筆。
- 建立債後預備金：還清後須建立 3～6 個月的生活準備金，避免再次借貸。

每解決一筆債務，就是一次自我信任的回復。債務不等於失敗，管理才是關鍵。

案例：從信用黑名單到創業貸款核准

林先生 29 歲時因為大學時期盲目辦卡導致累積 18 萬元卡債，一度被列入催收與聯徵黑名單。畢業後他選擇正視問題，主動聯絡銀行協商，透過《消費者債務清理條例》展延債務五年，搭配兼職收入如期償還。

五年後，他已無任何負債紀錄，且重新建立穩定信用。在 2024 年，他順利取得青年創業貸款，開設自己的設計工作室。他的經歷說明：良好信用並非天生，而是透過努力與紀律一點一滴建立起來的。

第六節 信用與負債管理

小結：信用與負債，是你財務自由的配速器

在理財路上，信用是通行證，負債是加速器，但若使用不當，也可能成為絆腳石。學會認識負債、管理信用，不是為了現在，而是為了你未來能夠更自由地選擇人生。

與其避談負債，不如用紀律與智慧面對它。因為懂得控制風險的人，才能真正掌握報酬。

第七節　理財規劃三件事：風險、流動性、報酬率

三角原則：理財不能只看報酬

「投資一定有風險，請謹慎評估」這句話幾乎成了理財商品的標配語，但許多人卻仍在追求「高報酬零風險」的理想幻想中做出錯誤決策。其實，理財規劃中有一項基礎卻常被忽略的原則——風險（risk）、流動性（liquidity）、報酬率（return）三者永遠處於拉鋸關係。

這個原則也被稱為「理財三角定律」：你無法同時在一項資產中獲得高報酬、高安全性與高流動性。換句話說，如果某個商品號稱報酬高、隨時可提領又安全無虞，那麼你應該更加警覺。

風險：不是不怕風險，而是懂得評估

風險的存在，不代表不能接受，而是需要衡量。風險種類繁多，從市場波動、利率變動、通貨膨脹，到個人因素如收入中斷、健康狀況等，都會影響你的資產配置與理財結果。

金融市場的風險最常見為價格波動風險（如股票、ETF）、信用風險（如債券違約）、再投資風險（如定存到期後

利率下滑)等。面對風險的第一步,是誠實看待自己的「風險承受能力」。

可自我評估以下三點:

◆ 若某筆投資短期內下跌 20%,你會選擇繼續持有、加碼還是賣出?
◆ 你的收入是否穩定,有無預備金可應急?
◆ 你對未來資金用途是否有明確時間規畫?

若你對上述問題感到焦慮,表示你的風險承受度偏低,應選擇保守型或多元分散的資產組合。

流動性:現金不是資產,而是選擇權

流動性是衡量一項資產能多快轉換為現金、並在不大幅損失下變現的能力。高流動性資產如活期存款、貨幣型基金,可即時提領使用;而低流動性資產如不動產、定期存單或某些私募基金,則需要數日、數週甚至數月處理。

一項研究指出,擁有足夠的流動性資產,能顯著降低在突發事件中的壓力指數與財務損失 (Chen & Wang, 2022)。

實際運用上,建議保有至少 3～6 個月的生活費作為流動備用金,並避免將所有資金鎖在無法快速動用的長期投資中。資金安排如同蓋房子,底部要穩、上層才敢加高。

第六章　理財不只有投資：保險、稅務與現金流

報酬率：追求合理，而非極限

報酬率當然重要，但你必須理解它與風險、流動性之間的關聯。以近年來熱門的投資標的如美股科技股、虛擬貨幣、高收益債為例，它們在高報酬時期也伴隨劇烈的波動與潛在虧損。

小資族更應懂得區分「實際報酬」與「名目報酬」，並扣除稅賦、手續費、通膨後再評估實際獲利能力。例如一檔年報酬率7%的基金，若有2%管理費與1%通膨率，其實質報酬僅為4%。

長期來看，穩定複利才是關鍵。愛因斯坦曾說：「複利是世界第八大奇蹟」，若每年穩定獲得5%報酬，20年後資產將成長至原本的2.65倍。因此，比起一夕暴富，更該追求持續穩健的報酬。

如何在三者之間取得平衡？

一份理財配置表若要有效運作，必須根據你的財務階段、目標與風險偏好進行調整。以下是一個簡化的建議：

◆ 短期資金（0～1年內使用）：以高流動性、高安全性資產為主，如活存、貨幣型基金、短天期債券。

- 中期資金（1～5 年）：可部分配置至穩健型商品，如投資等級債券、保守型基金、定期儲蓄。
- 長期資金（5 年以上）：可納入股票型基金、ETF、不動產、成長型資產，追求資本增值與報酬率。

以此策略分層管理資產，不僅能兼顧三角要素，也能讓資金隨目標而動，達到彈性與效率兼具的理財規劃。

案例：三角失衡的代價

陳小姐在 2022 年將 80% 的資產投入某高報酬的境外基金，因未評估自身資金需求與風險波動，導致 2023 年市場回跌後，帳面虧損近 30%，又因基金鎖定期無法即時贖回，只得動用信用卡繳交家中緊急醫療費用。

這起事件讓她重新調整資產結構，增加流動性備用金、配置多元資產，並建立投資紀律。隔年，她開始記錄每筆資金用途並根據目標設定對應投資工具，逐漸重建理財信心。

小結：理財的三角形，是你每一步的指南針

風險、流動性與報酬率是理財的三根支柱，唯有理解其關聯與取捨，才能做出符合自身需求的配置。記住，沒有萬能商品，只有適合的選擇。

第六章　理財不只有投資：保險、稅務與現金流

　　理財不是追求完美，而是學會在不確定中建立秩序。把這三角形當作你的指南針，每一次配置、每一筆投資，就不再只是跟風，而是有意識的決策。

第七章
打造屬於你的理財系統

第七章　打造屬於你的理財系統

第一節　個人理財系統的基本框架

定義你的財務起點：掌握現況才能規劃未來

每一個理財計畫的開始，都不是從預測報酬或分析股票開始，而是從你自己出發。無論你是剛畢業的職場新鮮人、或是工作幾年的小資族，清楚自己的財務現況永遠是理財的第一步。根據美國心理學家丹尼爾‧卡尼曼（Daniel Kahneman）的研究，人類在面對不確定資訊時常會過度自信（overconfidence bias），這樣的偏誤若套用在個人理財上，很容易高估收入、低估支出，甚至忽略了潛在的財務風險。

舉例來說，臺灣一位 30 歲的設計師林小姐，長年未統計自己的支出習慣，自認收入穩定且「應該有在存錢」。直到 2022 年遭遇裁員，打開銀行帳戶才發現，五年間的儲蓄總額竟不到三個月生活費。她的情況並不罕見，反映出缺乏系統化理財的嚴重後果。

建立理財系統的第一步，是誠實地盤點自身的財務現況，包括收入來源、每月固定與變動支出、現有資產與負債。這些資訊不僅幫助你了解自己的現況，也成為後續制定理財策略的依據。

財務目標分層:短、中、長期的策略分工

一個完整的理財系統,需包含目標設定機制。這些目標依時間長短可以區分為三類:短期(1 年內)、中期(1 至 5 年)、長期(5 年以上)。每一類目標所需的策略和工具截然不同。

短期目標如旅遊基金、緊急預備金,建議使用高流動性與低風險的工具,例如活存帳戶、定存或高利活儲。中期目標如換機車、進修、結婚等,則可運用收益穩定的投資工具,例如債券型基金、ETF。長期目標則多半是購屋、退休或財富自由,這類目標通常需要結合股權型資產、房地產與長期投資組合。

心理學家阿爾伯特・班杜拉(Albert Bandura)提出「自我效能理論」(self-efficacy theory),指出個人對目標達成的信念會影響其行動意圖與持續力。當財務目標明確、分層合理,能有效強化自我效能,使理財行為更具動機與可持續性。

收支管理作為核心運作:現金流決定理財成果

在一個健全的理財系統中,現金流管理是核心要素。現金流代表你每月的資金流入與流出狀況,也就是我們所說的「收支管理」。若收大於支,才有儲蓄與投資的本錢;若支大

於收，則再好的投資報酬也無法改變財務體質。

根據 2023 年記帳應用程式《麻布記帳》(Moneybook) 公開的使用者報告，許多無法累積資產的用戶並非因收入過低，而是因「無意識消費」成為支出黑洞。報告指出，在全臺近 10 萬名活躍使用者中，超過六成的人平均每月在外送、訂閱服務與零碎購物上花費逾一萬元，而這些支出大多沒有納入理財預算或被認為是必要支出。

許多用戶在安裝記帳 App 後才發現，原來每週外送支出超過兩千元、訂閱影音平臺達五至七項，這些過去未被關注的日常花費累積起來，占據了原本可投資的資源。因此，在設計個人理財系統時，應將收支表視為每月例行追蹤的工具，並結合定期檢視與調整。透過收支自動化與數據視覺化（例如條狀圖、分類圓餅圖），讓你更直觀地掌握金流流向與改善空間。

系統化不是繁瑣化：以自動化打造低負擔的流程

許多人對「系統」一詞感到抗拒，誤以為會增加管理負擔，但事實上，真正有效的個人理財系統應該是低維護、高自動化的。例如，將薪資自動分配至多個帳戶（如生活費、儲蓄、投資與娛樂），或設定信用卡全額扣繳與每月定期投資，都能大幅減少人為遺漏與情緒影響。

行為經濟學家理察・塞勒（Richard Thaler）提出「預設選項偏誤」（default bias）觀點，說明人們傾向接受預設選項。因此，若能將正向的財務行為預設化，例如設為「自動存錢」、而非「有餘才存」，將能顯著提升理財效率與紀律。

以一位在臺北工作的工程師吳先生為例，自 2021 年起採用自動理財法，每月薪資一入帳即自動轉出 30％至投資帳戶、20％作為儲蓄，剩餘 50％用於生活與娛樂。這樣的設定讓他幾乎不需每日管控開銷，但資產卻穩定成長。系統化的設計，不是為了讓生活更複雜，而是讓「好習慣變得自動」。

心態與紀律的結合：理財系統的持續動能

理財系統最終的成功，取決於紀律與心態。根據《Journal of Financial Counseling and Planning》2020 年的研究指出，理財系統有效者往往具備較高的「財務自我控制力」（financial self-control），這種能力並非天生，而是透過有意識的訓練與回饋逐步建立。

若將理財視為「一次性規劃」，那麼你的理財系統將缺乏彈性與演進能力。相反地，若將理財系統設計成「可持續、自我修正」的循環過程，就能根據生活變動、收入變化或市場狀況隨時調整策略，保持長期的財務健康。

舉例來說，2022 年疫情後許多人開始重新檢視家庭財務

第七章 打造屬於你的理財系統

風險與生活預備金的重要性,也讓不少人從「存夠三個月生活費」調整為「預備六個月至一年」。這種來自生活經驗的反思,正是推動理財系統進化的契機。

小結:打造屬於自己的理財導航儀

一個有效的個人理財系統,並非來自複雜的投資策略,而是始於對自身財務現況的誠實盤點。從明確目標設定、現金流管理,到自動化執行與持續優化,理財的核心在於系統化與紀律並重。無論你是初入職場的新鮮人,還是正在規劃未來的小資族,只要從自己的財務起點出發,建立一套符合自身生活節奏的理財流程,就能在變動的時代中,穩穩前行,逐步實現財務自由的目標。

第二節　建立你的財務儀表板

為什麼需要財務儀表板？讓數據說話

多數人對財務的印象仍停留在「記帳」或「對帳單」的層次，卻忽略了理財其實是一種需要統整資訊的決策工程。就像企業經營需要報表與指標，個人的財務管理也需要「財務儀表板」來即時監控各項關鍵變數。這不只是為了讓帳務清楚，更是幫助你掌握整體財務健康狀況的實用工具。

根據 2021 年英國《衛報》(*The Guardian*) 報導，理財成功者有一項共通特質：他們不僅定期檢視財務數據，還會將其視覺化、系統化，從中找出趨勢與異常。這樣的行為有助於降低因情緒波動或短期事件導致的錯誤判斷。

財務儀表板應包含哪些核心項目？

一個有效的財務儀表板應涵蓋以下幾項重點：

- 淨資產概況：顯示你的資產（現金、股票、基金、不動產）減去負債（房貸、卡債、信貸）後的餘額。
- 收支比率：追蹤每月的總收入與總支出，並視覺化呈現消費類型（如飲食、交通、娛樂等）所占比例。

第七章　打造屬於你的理財系統

- 儲蓄與投資率：這是衡量財務健康的重要指標。若儲蓄率長期低於 10％，可能代表生活方式過於依賴當下收入。
- 財務目標進度：無論是存旅遊基金、準備頭期款，或是達成財務自由，每一個目標都應設有量化進度條。

像《Moneybook》、《麻布記帳》、《CWMoney》等 App 皆具備上述功能，部分還能整合信用卡帳單、證券帳戶與房貸明細，幫助你從一個畫面掌握財務全貌。

自製或雲端：哪一種工具適合你？

製作財務儀表板不一定需要高端科技或財務背景，只要用 Excel 或 Google Sheets 也能做到初步成效。例如設定欄位區分每月收入、支出類別，並建立折線圖追蹤儲蓄率或投資報酬。若希望自動更新與跨裝置同步，則可選擇雲端理財平臺，如 YNAB（You Need A Budget）、Mint 或臺灣本地的《麻布記帳》等。

在選擇工具時應評估自己的技術熟悉度與維護頻率。如果你是數據控或習慣分析圖表，自製 Excel 將有更高彈性；反之，若傾向簡單即用，App 或 Web 平臺則更合適。

第二節　建立你的財務儀表板

儀表板的心理效應：行為改變的起點

心理學研究指出，「視覺化」是促進行為改變的有效方式之一。根據《行為財務學期刊》(*Journal of Behavioral Finance*) 2020 年的研究，當財務資訊以圖形化方式呈現時，受試者對花費控制與儲蓄決策的敏感度大幅提升。

一位 34 歲的行銷主管蔡先生，自 2020 年開始使用 Excel 製作專屬的財務儀表板。他將每月的開支分類呈現在圓餅圖上，並設計預算紅線提醒。起初只是為了控制娛樂支出，但幾個月後他發現這樣的儀表板竟讓他每月自動減少不必要的支出，儲蓄率從 8% 提高到 23%。這就是「視覺引導行為」的最佳展現。

持續追蹤與調整：儀表板不是靜態報表

建立儀表板不是為了每月張貼圖表炫耀，而是為了讓你持續調整生活與投資策略。像是通膨、職涯變化、生活型態轉換等都會影響財務規劃，因此，應將「每月一次的儀表板檢討」納入習慣，搭配前一節提到的自動化分帳與儲蓄設定，才能讓理財變得更聰明、更人性。

許多理財新手會在初期熱情製作儀表板，但幾個月後就荒廢。為避免這種情形，建議設定固定檢討日（如每月 5 號或薪水日後週末），並與伴侶或朋友一起互相提醒與分享，將理財行為社會化，也能提升持續動力。

小結：讓數據成為你的財務導航燈

財務儀表板不只是帳務的視覺化，更是你掌控生活與決策方向的重要工具。透過淨資產、收支比率、儲蓄率與目標進度等關鍵指標的整合與呈現，不僅能提升理財透明度，更能觸發行為調整與動機強化。無論選擇 Excel、雲端 App 或自訂系統，重點在於持續追蹤與定期調整，讓理財不再只是靜態的記帳，而是有系統、有節奏的財務進化過程。

第三節　每月 10 分鐘回顧你的收支

反射性財務檢視：讓理財從例行習慣開始

有效的理財從來不是靠一次性的靈感或突發奇想完成，而是仰賴日常的紀律與持續調整。與其說理財是一種「技能」，不如說它更像是一種「習慣」。這裡我們提出一個實用策略：「每月 10 分鐘回顧法」，讓你在有限時間內，釐清收支趨勢、掌握金流重點，並做出及時修正。這項方法不僅適用於新手，也對資深投資者有實質效益，因為每月的反思能讓財務系統維持彈性與即時性。

心理學家詹姆斯・克利爾（James Clear）在其著作《原子習慣》中指出，習慣的養成不在於規模，而在於重複性與可執行性。若將理財行為設計成可重複、容易完成的儀式，則更容易內化成生活的一部分，而非壓力來源。每天 10 分鐘看似簡單，卻能透過長期堆疊，帶來意想不到的財富成長與決策品質的提升。

回顧的三大關鍵指標：收入、支出與儲蓄率

每月 10 分鐘的檢視不需過度複雜，建議聚焦三項關鍵指標：

第七章 打造屬於你的理財系統

- ◆ 本月總收入：包含固定薪資、獎金、兼職收入、投資配息或其他被動收入來源，建議與預估收入對照以掌握偏差。
- ◆ 本月總支出：依照主要支出分類（如飲食、交通、房租、娛樂、教育支出等）快速總結，若能以圖表視覺化呈現，將有助於辨識消費習慣中的漏洞。
- ◆ 本月儲蓄率：即本月結餘除以收入的比例，是財務健康的重要指標。若能每月追蹤此比率走勢，將有助於掌握理財效率。

這些數據可以透過記帳 App 如《碎碎念記帳》、《麻布記帳》或 Excel 模板預先建立格式。重要的是，每月固定檢視這三個指標，並與過去數月比較，觀察趨勢與異常變化。例如若支出異常上升，應深入分析是哪一類別或事件所導致，並提出調整方向。

「異常事件」的偵測與應對策略

生活中常有突發開支，如生病、家中維修、朋友喜宴、緊急旅行等，這些都會影響你當月的收支表現。若只是盯著「支出過多」而未拆解其成因，容易產生挫敗感，甚至中斷理財行為。

一位 29 歲的健身教練李先生，曾在 2023 年某月突然出現大量支出，原以為是自己花太兇，檢視後才發現是腳踝受

傷導致醫療費用暴增。隔月起他開始每月記錄「本月特殊事件」一欄，並納入下一季的緊急預備金計畫，從此避免財務混亂。這個實務做法後來也成為他教練班學員的理財作業之一，產生良好迴響。

這也符合行為經濟學中「情境知覺理論」（situational awareness）的應用：只有當你能掌握行為背後的上下文，才能制定對應行動策略，而非一味自責或忽視。將特殊事件標注與未來風險準備連結起來，不僅提升財務抗壓力，也能建立前瞻式資金安排的意識。

將反思轉化為行動：從數據導出修正路徑

數據本身不會改變什麼，只有當你根據數據做出行動調整時，才算真正掌握了財務主導權。每月回顧的最後一個步驟，是針對上述指標提出「下月一件事」——只要一件，也許是「減少外送兩次」、「提高投資比例2%」、「暫停不必要的訂閱」、「提前償還部分信用卡債務」。

根據《金融心理學期刊》（*Journal of Financial Psychology*）2021年的研究，若財務檢討後只設定一項具體行動目標，較容易形成持續性變化，且不易中斷。這項研究顯示，目標越簡單明確、越能與日常行為連結，就越容易產生長期效果。

第七章　打造屬於你的理財系統

如果你使用的是像《麻布記帳》這類具備目標設定功能的 App，可直接在檢視完每月報告後設定新月行動提示，形成「回顧－理解－修正」的閉環邏輯。也可以設定提醒系統，每月自動發出檢視通知，養成穩定的理財節奏。

檢視不需孤單：建立財務夥伴機制

許多研究發現，財務行為若能與他人共同進行，更容易持續。例如與伴侶共同進行月檢討、與朋友約定「每月分享一張收支圖」等，都能讓理財變得不再孤單，也能提升執行的樂趣與紀律。這類互動同時也強化了財務責任感，讓人更有動力落實原本容易拖延的理財行為。

臺灣一對 30 多歲的夫妻檔，從 2022 年開始建立每月「財務共讀日」，每人輪流簡報過去一月的收支圖表與心得。他們甚至設計了「財務挑戰卡」，每月從中抽出一項任務，如「一週不叫外送」、「每天記一筆零用帳」，增添趣味感與驚喜感。除了提升彼此的財務透明度，也讓溝通變得具體且具建設性，甚至進一步讓他們一起設定投資目標與儲蓄挑戰。

理財不必然是孤軍奮戰，只要建立反思與對話的節奏，10 分鐘的月檢討，也能產生長期的財富複利。這樣的做法甚至可應用於職場、創業團隊或同儕社群中，讓「財務透明」成為健康關係的一部分。

第三節　每月 10 分鐘回顧你的收支

小結：每月 10 分鐘，打造財務穩定的關鍵節奏

理財不在於複雜的工具，而在於穩定的習慣與持續的回顧。透過「每月 10 分鐘回顧法」，專注於收入、支出與儲蓄三大指標，搭配異常事件的紀錄與具體修正行動，能有效提升財務覺察力與行動效率。將理財變成一種可被重複、可被分享的生活儀式，不僅能提升執行力，更能在時間中累積改變，為你帶來真正可持續的財務自由與內心安全感。

第七章　打造屬於你的理財系統

第四節
使用 App 幫助記帳與追蹤投資

數位工具是理財的加速器，不是替代品

在這個數位化的時代，不善用工具就等於慢人一步，特別是在個人理財領域。市面上琳瑯滿目的記帳與理財 App，從最基本的記錄功能，到整合銀行帳戶、股票資產與自動分類的智慧系統，已成為新世代財務管理不可或缺的助手。然而，重要的是理解這些工具的角色：它們是「加速器」，而不是取代你財務判斷力的「代理人」。

如同心理學家赫伯特・西蒙（Herbert Simon）所言，科技的價值在於「增強人類決策的能力」，而非替代思考。當你理解這一點，才能真正有效使用各類 App，發揮它們的資訊整合與行為誘導功能，進一步建立自律的理財習慣。

記帳 App 的選擇與分類：從需求出發

記帳工具大致可分為三類：簡易記帳型、圖像分析型與資產整合型。每種工具的設計邏輯不同，適合的使用者也不盡相同。

第四節　使用 App 幫助記帳與追蹤投資

- 簡易記帳型：如《碎碎念記帳》、《CWMoney》，這類 App 主打操作快速、介面直觀，適合初學者或希望培養記帳習慣者。
- 圖像分析型：如《記帳城市》、《Moneybook》，透過圓餅圖、長條圖等視覺化方式顯示消費結構，有助於分析花費習慣與類別比例，對於已有基本記帳習慣者是一大升級。
- 資產整合型：如《Toshl Finance》、《Money Lover》與《YNAB》，這類 App 能同步多個帳戶、信用卡與投資平臺，適合中高階使用者，幫助建立完整財務儀表板。

選擇哪一種，應根據個人習慣與需求。如果你的目標是控制日常消費，簡單易用的工具較好；若已開始投資並希望整合資產資訊，則應選擇具備資料匯入與追蹤功能的系統。

實用功能導覽：哪些功能幫你省錢、增值？

好的 App 不只是帳本，更是一位智慧助理。以下是幾個關鍵功能，有助於提升理財效率：

- 自動分類與標籤系統：能自動識別消費類別，例如交通、餐飲、投資等，節省手動整理時間。
- 提醒功能：如帳單到期提醒、每日記帳提醒，有助養成理財紀律。

第七章　打造屬於你的理財系統

- 預算設限：可針對各類消費類別設定上限，當支出接近或超過時即顯示警示。
- 儲蓄目標追蹤：使用者可設定短期或中期財務目標，系統將自動追蹤達成進度，提升儲蓄動機。
- 圖表分析與趨勢預測：讓你快速掌握支出變化，進一步評估財務策略是否奏效。

記帳 App 與投資追蹤工具的整合應用

隨著數位理財需求上升，許多記帳工具也加入投資追蹤功能，或與其他平臺串聯。像《Moneybook》提供臺股追蹤功能，《Toshl Finance》能同步 ETF、基金與加密貨幣資產，《麻布記帳》則支援帳戶間資金轉移記錄，並能匯出完整報表。

舉例來說，一位高雄的上班族王小姐，原本僅用 App 記錄日常支出。後來她開始定期投資 0050，於是選擇升級至能整合股票與支出管理的 App，並每月根據資產增長趨勢調整投資比例。她表示：「有了 App，不只記得自己花了什麼，也能看見自己的財富正一點一滴往上走。」

這樣的整合應用讓理財不再是模糊的未來想像，而是當下可見的進度條與趨勢圖，讓每筆投資與消費都更有感。

第四節　使用 App 幫助記帳與追蹤投資

使用科技提升財務自律，不是依賴

記帳與理財 App 再好，也只是工具。真正有效的財務系統，是你持續使用、定期回顧與調整的過程。與其追求「完美記帳率」，不如關注每月是否達成預設目標、是否依據數據修正消費與儲蓄行為。

2022 年一項針對 1,500 名臺灣使用者的調查顯示，長期使用 App 記帳者中，僅 34%能持續超過一年，主因是初期熱度高，後期缺乏目標感與回饋系統。因此，若能結合我們前述的「每月 10 分鐘回顧法」，再輔以 App 的數據支援，將形成最具實效的數位理財循環。

未來的理財，不在紙本與電腦之間，而是在你的手機裡。唯有善用這些工具、持續建立習慣，才能讓數字成為你實現財務自由的推進器。

小結：讓科技成為理財習慣的助推器

在數位化的時代，理財 App 不再只是記帳工具，更是你掌握財務主控權的重要助手。無論是簡易記帳、資產整合，或投資追蹤，選對工具只是起點，持續使用與定期回顧才是關鍵。當你將 App 功能與個人理財節奏結合，科技將不只是

第七章　打造屬於你的理財系統

資訊載體，而是引導你行動、強化自律、實現財務目標的推進器。真正的理財力，不在於輸入了多少筆資料，而在於你是否透過這些數據，做出更智慧的選擇與行動。

第五節　金錢與人生目標的連結

理財不是目的，而是達成人生願景的工具

許多人談起理財，第一個想到的總是投資報酬、資產配置或賺多少錢。但事實上，理財的本質不在於「變有錢」，而在於「讓錢幫你完成重要的人生目標」。當我們缺乏對金錢與人生願景之間的連結時，就容易陷入為賺錢而賺錢的無限循環，失去動力與方向。

心理學家亞伯拉罕・馬斯洛（Abraham Maslow）在其需求層次理論中指出，人類的最高層次需求是「自我實現」，而金錢只是通往這個階段的橋梁之一。當金錢被賦予更高層次的意義時，它才能真正轉化為我們生活的助力，而不是壓力的來源。

三層人生目標與金錢的對應關係

我們可以將人生目標分為三個層次，分別對應不同的理財策略與資源運用：

◆ 生存目標：包含基本生活需求，如穩定收入、房租、三餐、醫療、交通等。這些目標需要高度安全性與穩定現金流支援。

第七章　打造屬於你的理財系統

- ◆ 成長目標：如進修、轉職、結婚、育兒、創業等，這一層次的目標常常需要中期資金計畫與一定程度的風險承擔，例如基金、ETF 或目標型投資組合。
- ◆ 實現目標：包括提早退休、世界旅居、成立非營利組織、推動社會倡議等，這些目標需要長期資本累積與清晰的財務藍圖規劃。

舉例來說，35 歲的社工陳先生希望 40 歲前能在花蓮成立一間提供青少年心理諮商的公益空間，這是他的人生實現目標。為此，他除了維持日常穩定收入，也建立一套每年固定儲蓄與分散投資的策略，並與理財顧問設計 5 年期財務藍圖，讓每一筆錢都明確對應到未來計畫中的一個行動項目。

金錢價值觀：從內在動機出發的財務選擇

了解自己對金錢的看法，是建立有意義理財系統的基礎。有人視錢為安全感來源，有人視其為自由的象徵，也有人將其當成責任與成就的衡量工具。

心理學家卡爾‧羅傑斯（Carl Rogers）強調個體的自我概念在於一致性，若一個人認為錢只是為了活下去，但實際卻拚命追求高報酬資產而焦慮不已，那麼他的行為與信念便產生衝突，久而久之將造成內在壓力。

第五節　金錢與人生目標的連結

反之，若你的金錢行為能回應你真正在乎的價值，例如照顧家人、創造影響力、追求平靜生活，那麼理財就會從壓力源轉化為實踐價值的動力。這也是為什麼，在設計財務計畫之前，我們建議每個人先進行一場「金錢價值觀」的自我對話。

實務操作：以目標為核心的預算配置法

當你已明確知道自己的目標，下一步就是建立與目標對應的財務預算架構。這裡推薦一種「目標導向預算法」（Goal-Based Budgeting），將每月收入依照人生目標類別進行分配：

- 50%日常生活（對應生存目標）
- 30%成長基金（如進修、投資、搬遷預備金）
- 15%夢想基金（實現目標，例如創業儲備、長期旅遊）
- 5%彈性調整（特殊事件或慈善支出）

這樣的比例可依個人狀況彈性調整，重點在於讓每一筆支出都與你的生活方向有所連結，不再只是「花錢」而是「投資自己」。

一位臺中科技公司的企劃黃小姐，自2021年起即使用此法，並搭配《記帳城市》進行目標設定。三年內，她已完成語言學習、存下出國念書第一年的預備金，並建立三個與生活

價值一致的儲蓄目標。「我的帳本不是流水帳,而是夢想地圖」,她這麼形容自己的理財策略。

長期視角與靈活調整:目標與策略要同步進化

人生與財務都不是靜態不變的,因此金錢與目標的連結也需要持續調整。也許你今年的目標是換工作,但三年後已成為新手爸媽,那麼預算與投資策略必然也要因應變化。這正是建立個人財務系統時需要預留「彈性空間」的原因。

根據《行為經濟學季刊》(*Quarterly Journal of Behavioral Economics*)2023 年的研究,定期重新檢視目標並調整預算者,其理財滿意度與資產成長率明顯高於未調整者。這顯示,靈活性與反思力,是長期理財成功的重要條件。

你可以設立每半年一次的「目標檢視日」,重新評估目前的財務規劃是否仍貼合現實,是否有必要新增、刪除或重排序某些目標,並根據這些調整更新預算與投資配置。

金錢若只是靜止的數字,終將失去意義;但當它承載你的人生願景與行動計畫,就成為一股創造改變的力量。讓金錢回歸其最根本的角色 —— 服務於你真正想活出的生活。

小結：讓金錢為你的人生願景導航

真正有力量的理財，不是讓你帳戶數字變多，而是讓每一分錢都能對應你的生活選擇與人生目標。當金錢與價值觀、目標、行動計畫建立連結，理財就不再只是數學遊戲，而是實現夢想的具體工具。從生存到成長，再到實現，每一階段都需要對應的策略與預算安排，並保留彈性空間，隨時調整方向。唯有把錢用在真正重要的地方，財務自由才會轉化為人生自由。

第六節　財富累積從系統化開始

不靠運氣，而靠設計：系統才是財富的真正引擎

在各種投資書籍與財富講座中，最常被忽略的事實是：真正讓人變富的關鍵，不是選到一檔飆股或中一次加薪，而是擁有一套可以持續複製的「財富系統」。這並非抽象的管理口號，而是一種能讓個人資源分配更有效率的設計方式。所謂財富系統，指的是一套經由設計與調整後，能在不同情境下穩定累積資產的流程與機制。

心理學家 B.F. 史金納（B.F. Skinner）在行為塑造理論中指出，穩定的環境與行為回饋系統能有效促進持續行為。應用到理財上，一個好的財富系統，能讓你在無需頻繁意志力介入的情況下，自動進行儲蓄、投資與風險控管。這意味著，個人的理財表現不再取決於每一次的選擇，而是由整體制度所驅動，從而降低心理疲勞與決策壓力。

財富系統的四大核心模組

一套完整的財富累積系統，應包含以下四大核心模組，彼此環環相扣，形成良性循環：

- 現金流控管模組：掌握每月資金流動，避免財務漏洞。重點在於設立自動化帳戶分流（如薪資戶、儲蓄戶、投資戶、花費戶），讓金流自然導向正確用途。這樣的設計讓你在不需動用意志力的情況下，自動建立理性支出行為。
- 儲蓄與預備金模組：確保短期資金安全，例如建立 6 至 12 個月生活費的緊急預備金，放置於高流動性商品中，如高利活儲或短期定存，並將其與長期投資區隔，以免因臨時需求而動用長期資金。
- 投資累積模組：設計每月固定金額投入的投資策略，如定期定額 ETF、全球指數基金，甚至是 REITs、債券 ETF 等，以分散風險與增強資產成長潛力。進階者可透過資產再平衡策略，提升長期報酬效率。
- 檢視與優化模組：透過月檢、季盤點與年規劃，調整策略，提升效率。建議每年進行一次「財務健檢日」，全面評估資產配置、報酬績效與目標進展。可結合財務儀表板或 AI 理財顧問進行輔助，提升檢視品質。

這四大模組若能自動化、視覺化與制度化，就能大幅降低理財阻力，創造出「不靠意志力也能變有錢」的財富路徑。它們不僅互補，更能在生活壓力或市場震盪中發揮穩定功能。

第七章 打造屬於你的理財系統

臺灣案例解析：如何從 0 打造個人財富系統？

以新竹一位從事半導體產業的林先生為例，35 歲開始系統性儲蓄與投資。他採用三帳戶制，每月薪資自動分配為：

- 50％進入花費帳戶（含日常生活、交通、娛樂）
- 30％進入投資帳戶（採定期定額買進臺灣 50 ETF 與美國標普 500 指數）
- 20％進入儲蓄帳戶（含緊急預備金、保險費與年度計畫）

此外，他還在雲端試算表設計專屬的財務儀表板，定期輸入資產、負債與投資報酬。每三個月進行一次「資產配置健檢」，調整投資比例並重新檢視人生目標。五年後，其投資報酬與儲蓄金額累積總資產超過原本的 2.8 倍。他形容：「我從來沒有靠過哪次加薪，也沒買過熱門股，只是靠這個流程不斷複製。」

這顯示，財富的形成往往不是靠一次華麗的操作，而是日常的紀律與系統在發揮力量。真正的財富，其實是可預測、可複製與可調整的。

第六節　財富累積從系統化開始

自動化與反應式系統的整合應用

財務系統的有效性來自於它的「預設力」(default power)與「回應性」(responsiveness)。預設力代表只要設好一次，就能持續運作；回應性則代表系統能即時反應外在變化並作出調整。

例如設立自動轉帳、信用卡全額扣繳、定期投資排程等，能避免遺漏與拖延，讓理財行為不受情緒起伏影響。另一方面，也需設計如「支出警示」、「投資績效通知」、「信用評分變動提示」等回應機制，讓你根據財務變化進行微調，不斷優化策略。

有如心理學中的「提示－行為－回饋」模型(Cue-Behavior-Reward)，當系統提供即時回饋與行為誘導時，就能強化良好的財務習慣，減少過度反應與情緒決策。例如收到「本月超出娛樂預算20%」的提示，能立刻引發反思並調整下月預算，而非拖延處理。

財富系統是可複製的資產，不是個人的天賦

很多人誤以為成功理財需要高智商、金融背景或天生擅長計算。但實際上，多數財務成功者共通的特徵不是「聰明」，而是「系統性」。一旦建立起屬於自己的財富系統，這個系統將成為你可複製的個人資產，無論收入多寡、人生階

段變化,皆能持續運作並適應調整。

這也說明了理財學與行為心理學之間的密切關聯:人的行為習慣一旦融入制度化框架,就能擺脫情緒與短期衝動的干擾。舉例來說,即使收入波動,你的財富系統依舊能調整支出比例與儲蓄預算;即使生活型態變化,例如從單身進入婚姻、育兒等階段,系統也能持續支持你達成目標。

你不需要變天才才能變富,只需要變得有系統。從今天開始,停止「猜」,開始「設計」,讓每一筆收入、每一次花費、每一次投資都納入你的系統,讓財富的成長不再靠偶然,而是成為可預測的成果。

小結:財富不靠機運,靠的是可複製的系統設計

真正穩健的財富累積,並非來自一兩次幸運的投資或突然的收入暴增,而是來自一套可以長期執行、持續調整的財富系統。透過現金流控管、儲蓄預備、投資策略與定期檢視四大模組的整合,加上自動化與即時回饋的機制,你將擁有一套可以自我運作的財務引擎。這不是天賦,而是可以被設計、複製與優化的流程。當你開始用系統思維處理金錢,財富的成長將不再是偶然,而是有規律、有節奏的必然。

第七節　你不需要變天才才能變富

成為有錢人的真正關鍵不是智商，而是行動架構

在大眾媒體與主流文化中，「有錢人」經常被描繪成極為聰明、擁有稀有天賦的人。他們似乎總能預測市場、精準出手、創業成功或投資得當。然而，當我們實際研究多數財務成功者的行為模式，會發現他們的共通點不是天才般的洞察力，而是規律、紀律與持續的實作。

正如經濟學者托馬斯・史丹利（Thomas J. Stanley）在其經典著作《鄰家的百萬富翁》中發現，大多數百萬富翁來自中產階級家庭，沒有特殊天賦或高學歷，他們靠的是持續不斷的儲蓄、理性的預算控管、穩健的投資策略與對財務生活的高度自主性。

此外，根據 2022 年由麻省理工學院（MIT）與瑞士信貸（Credit Suisse）聯合進行的一項研究發現，超過七成資產突破百萬美金的個人，其致富關鍵在於長期儲蓄率與早期投資開始年齡，而非選股能力或高風險決策。也就是說，複利與紀律是主要成功因素。

換言之，真正的財務成就並不是頂尖智商的產物，而是源於高度可複製的行為與系統。這一點對所有小資族而言，

第七章　打造屬於你的理財系統

正是一種鼓舞：只要你願意從今天起調整做法，任何人都能在時間與紀律的幫助下累積財富。

停止尋找「一擊致富」的奇蹟，改用日常累積的力量

我們所處的社會極度迷戀「快速致富」的故事。從加密貨幣暴漲、股票翻倍、NFT暴紅到短期炒股獲利，每一則新聞都像是在暗示：只有抓住某個瞬間，你才有機會改變命運。然而，這些機會往往帶有極高風險，且難以再現。

行為經濟學家丹尼爾・卡尼曼（Daniel Kahneman）提醒我們，人類天生傾向於高估自己對機率事件的掌握，這種「控制錯覺」常導致理財失敗。與其仰賴一次成功，不如轉向穩定可重複的日常行為，例如：

- 每月固定提撥投資金額，採取定期定額策略。
- 不因短期市場波動隨意買賣資產。
- 記錄支出並維持財務透明。
- 避免高槓桿與過度消費行為。

根據2021年由美國晨星公司（Morningstar）發布的投資行為報告指出，長期投資者若能持續採取定期定額的投資方式，其平均年化報酬率會顯著優於頻繁操作的投資人。報告

中統計，美國市場中採用被動投資策略且持有超過十年的個人，其報酬中位數為 8.3%，而同期間內高頻交易者的報酬中位數僅約 4.1%。這些數據說明，穩定、紀律的投資行為長期而言可累積出遠超過短線操作的成果。

此外，也別忘了，這些行動除了創造財富，更能培養一種自我掌控與自信感。當你清楚自己的資金流動、投資策略與目標達成進度時，生活中的其他不確定性也會減少。

用「自動化」替代意志力：降低失敗機率的關鍵技術

很多人知道理財很重要，也知道該儲蓄、該投資，卻始終無法持續執行，原因在於他們過度依賴意志力，而非設計制度。心理學家詹姆斯・克利爾（James Clear）提出，「你不會憑空變得更有自律，你需要的是一個讓好行為更容易發生的環境。」

以財務管理而言，這種「環境」可以透過自動化來實現：

- 薪水一入帳，自動轉入儲蓄與投資帳戶。
- 使用 App 設定花費上限提醒，防止超支。
- 定期定額扣款投資，消除短期操作壓力。
- 利用財務儀表板即時追蹤目標進度。

第七章　打造屬於你的理財系統

這些自動化設計的本質,是在於「行為建構」。舉例來說,如果你每月 5 號會收到 App 提醒,告訴你「你已達成 80% 的儲蓄目標」,那麼這個回饋就會強化你下個月持續做同樣行為的動機。反之,若你看到「超支警示」,也能提醒你適時修正。

根據 2023 年《消費者行為與科技期刊》的報告指出,長期使用自動理財系統（如自動分帳、自動投資）的個人,其年平均儲蓄率較非使用者高出 11.7%。這說明「懶人」其實更容易理財成功,只要他們設計好制度。

案例分享：平凡工程師的十年累積策略

臺中一位從事電子零件設計的工程師許先生,30 歲時沒有任何投資經驗,也非理財專業出身。他開始從每月薪資中提撥 15% 作為儲蓄,10% 作為投資資金,採用簡單的 ETF 組合,並使用《麻布記帳》掌握每月支出。他同時設定每年一次檢視「財務自由進度」,以十年為期。

他也將假日部分時間用來進修財務知識,例如閱讀《小資族理財入門》、《富爸爸窮爸爸》等書籍,並每年參加一次 ETF 論壇或投資講座。雖然起步緩慢,但因持續性強,他在第七年就已完成預計資產的一半目標。

到了 40 歲,許先生的資產達到他年收入的 7 倍,幾乎實

現 FIRE（財務獨立、提早退休）生活模式。他的成功不是靠敏銳投資嗅覺，而是靠持續紀律的執行與系統化的學習。他分享：「我不是每天研究財報，只是選了一套不錯的機制，然後一再重複，像機器一樣在做。」

這個例子告訴我們，你不需要在市場中當先知，只要設定合理制度，長期下來也能走到財富終點線。更重要的是，這樣的成就帶來的不只是資產，更是生活的選擇權與心理的安定感。

給自己的信念：你也值得變富，只要願意開始

當我們看到別人買房、存到第一桶金、過上自由生活時，往往會低估自己達到同樣成果的可能性。但事實上，理財從來就不是菁英專利，而是人人都可以參與的自我設計過程。

你不需要數學天才、不需要精通股市、不需要大筆資金，也能用一個明確系統、穩定策略與正確行為模式，在時間的推動下翻轉命運。重點不是你現在知道多少，而是你現在是否開始行動。

設計屬於自己的理財流程，先從一個小習慣開始：每月記一次帳、每週回顧一次收支、每季更新一次財務目標。這些簡單動作，看似微小，卻能逐步改寫你的人生軌跡。

第七章　打造屬於你的理財系統

如果你已經讀到這裡，那你比多數人更接近財務轉捩點。下一步，就是讓你設計的財務行動開始運作，讓自動化與紀律成為你真正的財富助力。

小結：變富不是天賦，而是一種可執行的設計

你不需要天才般的直覺或頂尖的財經知識，才能實現財務自由。真正的致富關鍵在於系統化的行動、可持續的紀律，以及降低意志力依賴的自動化設計。當你停止追求快速致富的奇蹟，開始一步一腳印地累積，每一次的記帳、投資、回顧都將成為財富堆疊的基石。成功不是來自運氣，而是來自你是否願意從今天起，設計出一套屬於自己的理財流程，並持之以恆地執行。你也可以富有，只要你願意開始。

第八章
從小錢變大錢:
打造長期財富的心法

第八章　從小錢變大錢：打造長期財富的心法

第一節　富人思維不是有錢才有

富人思維是結果，不是起點

許多人誤以為「富人思維」是有錢人因為擁有資源而自然產生的思考方式，然而事實剛好相反。心理學研究與社會觀察均指出，那些真正能累積財富、實現長期財務自由的人，往往是在財富尚未累積之前就已養成一套特有的思維習慣——這種習慣稱為「富人思維」。

根據 2022 年的一項研究指出，個體對未來價值的延遲滿足能力（delayed gratification）與其財務成長呈顯著正相關。換句話說，那些願意延後眼前消費、優先考慮長期報酬的人，最終更有可能累積出實質財富。

富人思維並非高深莫測，而是一種具備以下特質的心理模式：長期導向、風險管理、價值創造、學習投資與責任承擔。這些特質不受收入限制，也不取決於背景，而是透過認知與行為調整後逐漸養成的。

案例：從月薪四萬到自建資產池的轉變

32 歲的劉小姐原是某文創公司行政人員，月薪約四萬，扣除生活費後幾乎無餘裕。2020 年她在朋友推薦下開始閱讀

有關理財與心理學的書籍,從《有錢人想的和你不一樣》、《原子習慣》等作品中發現自己過去的金錢觀念長期停留在「只要不花超過收入就是好財務管理」。

她開始實驗一種新習慣:將每月薪水 10% 先轉入儲蓄戶口,再從餘額中設計支出預算。起初她以為會過得很拮据,沒想到這個行為反而讓她更有安全感。第二步,她學會投資 ETF,並每月定期定額投入。三年後,她已擁有近 50 萬元投資組合,並計劃兩年內轉職自由工作者。

她的轉變來自一個關鍵信念:「我不等到變有錢才開始學富人思維,而是靠富人思維讓自己變得有錢。」這句話點出了:富人思維是過程,而非結果。

心態轉變的心理學根據:內控 vs. 外控

心理學家茱莉安・羅特(Julian Rotter)曾提出「控制信念」(locus of control)理論,主張人們可被區分為內控型與外控型。前者相信自己能掌握命運,後者則傾向認為結果由外在環境決定。

富人思維的培養往往來自強烈的內控信念。以財務行為來說,內控型個體會更傾向於儲蓄、規劃與主動學習;而外控型個體則可能認為「投資是有錢人的事」、「景氣不好沒辦法存錢」。這樣的差異在長期資產累積上產生極大落差。

第八章　從小錢變大錢：打造長期財富的心法

臺灣 2023 年的一份金融行為調查報告指出，月收入 5 萬元以下但具備定期理財與儲蓄行為者，其 10 年資產累積成果與收入 8 萬元以上但未儲蓄者不相上下。顯示行為的差異比收入高低對財富更具影響。

富人思維的五大行動特徵

1. 長期思維

富人思維者不急於立刻見效，而更在意行為是否能支持長期目標。他們願意犧牲短期滿足，為未來創造更大資源。

2. 學習與自我投資

他們不認為教育只屬於學生時期，而是將每一次閱讀、參與講座、學新技能視為提高資產的方式。

3. 對風險有現實評估能力

富人思維不是避險，而是懂得衡量風險、分散投資，進而設計合理的報酬機會。

4. 掌握現金流

他們清楚掌握自己的收支結構，善用工具（如 App 或試算表）進行財務監控，並定期調整策略。

5. 將金錢視為資源，而非目標

富人思維者理解金錢只是達成目標的工具，因此更容易脫離「炫富文化」與過度消費。

實務建議：如何在日常培養富人思維？

(1)設定每月學習任務：閱讀一本財經書、觀看兩場理財講座、參加一次線上理財課程。

(2)建立目標導向預算法：將預算分類與目標對應，如旅遊基金、創業金、進修費，而非單純分類飲食、娛樂。

(3)建立「負面金錢語言」觀察日記：記錄自己在一天中對錢的負面語言，例如「我沒錢」、「我賺不多」，並反思是否為自我設限。

(4)練習每月一次財務反思：檢視是否每月花錢、儲蓄與投資行為符合自己真正想要的生活型態。

這些習慣初看無法立刻變現，但正是改變思維與認知框架的開始。只要累積數月，你會驚訝自己的財務決策越來越像一個「先富心態者」。

第八章　從小錢變大錢：打造長期財富的心法

小結：讓思維先富，財富自然跟上

「富人思維不是因為有錢才出現，而是因為擁有這種思維，錢才開始被累積。」這句話的背後，是一種心理能量的自我轉化機制。

從臺灣的小資族、新創工作者，到中產階級的家庭支柱，當他們願意調整心態、採取有系統的行動，他們都能證明：思維的改變才是真正的致富起點。

不論你現在處在人生哪個階段，只要開始練習用富人思維看待金錢，你就已經邁出了打造長期財富的第一步。

第二節　時間的價值與人生期望

為什麼時間是最昂貴的資產？

在理財的世界裡，時間常被稱為「看不見的資本」。你可能會因收入增加、投資報酬提升而變得更富有，但唯有時間是無法儲存或重來的資產。正因如此，理解時間的價值，是一切長期財務思維的基礎。根據經濟學中的「機會成本」理論（opportunity cost），我們每花一分錢或一分鐘，都是在選擇放棄其他可能的價值創造。

行為經濟學家丹・艾瑞利（Dan Ariely）指出，人類在面對時間成本時比金錢更容易出現決策偏誤，因為時間不像錢那樣具體易衡量。例如：我們可能為了省下 50 元而多花 1 小時排隊，卻未意識到這一小時的實際價值其實遠高於 50 元。

這樣的心理盲點若套用在理財上，會導致許多人無法掌握長期複利的力量，或總是將儲蓄與投資行動延後。事實上，只要早一點啟動資產累積機制，就能用時間換取財富成長，而不必靠高風險操作或奇蹟事件。

第八章　從小錢變大錢：打造長期財富的心法

複利的威力：
時間越早開始，努力越小回報越大

「複利」被愛因斯坦稱為「世界第八大奇蹟」，其精髓在於「利滾利」的效果隨著時間延長而呈指數成長。以年化報酬率6％為例，若你每月投資5,000元，30年後資產將超過500萬元；但若延遲10年才開始，最終結果將只有約250萬元，幾乎少了一半。

這顯示，在長期理財中，「時間」比「金額」更具關鍵性。財務顧問常說：「不要等有錢再開始投資，而是因為你開始投資，才會變有錢。」這句話背後的邏輯正是複利的力量──時間就是最強的財富放大器。

在臺灣，許多30歲以下的小資族因為認為自己「收入太低，不值得理財」，而錯失了財務成長的黃金十年。其實，每月儲蓄3,000元並投資於穩健的ETF，長期報酬可超越許多晚起步、但投入金額更高者。這不是操作技巧的勝利，而是時間的勝利。

人生期望如何影響你的金錢選擇？

每個人對人生的期待不同，這些期望會直接影響我們的金錢選擇與時間使用。例如：有人重視穩定退休，有人嚮往環遊世界，有人則夢想創業或擁有一棟自宅。這些期望，若沒有與

財務目標及時間結構對齊,最終只會淪為願望而非現實。

根據一份 2020 年的研究,人們對未來 10 年的明確目標感與其資產累積速度高度正相關。研究顯示,有設定人生階段目標的個體,其平均儲蓄與投資率高出未設定目標者 47%。

在臺灣的社會文化中,許多人對「退休年齡」、「結婚時機」、「購屋時點」等議題存在高度不確定性與焦慮,這也導致財務計畫常延宕。例如不少人會說:「我以後有錢再來想退休的事」,但時間其實不等人,且通膨與壽命延長都使未來的財務需求更難預估。

避免拖延的心態陷阱:未來自己會處理?

心理學家喬治・艾因斯利(George Ainslie)在研究延遲折扣(delay discounting)時發現,人類有一種偏差,即高估未來自我的理性與能力。簡單說,我們總以為「未來的我會更有錢、更有時間、更有效率」,所以今天可以先偷懶或延遲決策。

這樣的誤判在理財上最常見的現象就是「晚點開始投資」、「過幾年再存退休金」、「下個月再檢查帳戶」。當這些延遲累積起來,代價就是錯過了複利、錯失了市場紅利,甚至讓人生目標被現實吞沒。

第八章　從小錢變大錢：打造長期財富的心法

要避免這樣的心態陷阱，必須改變問法：不要問「我什麼時候開始最好？」，而是問「如果我今天不開始，我會失去什麼？」這種從機會損失出發的思考，更容易促發行動動機。

與時間對齊的財務策略設計

要讓財務策略真正有效，必須與時間同步設計。以下是一套建議架構，協助你依據人生階段與目標擬定對應行動：

20～30歲

重點在於建立儲蓄與投資習慣，哪怕金額不大，也應養成自動儲蓄與定期投資。時間是你最大的資本。

30～40歲

進入家庭與職涯穩定期，應強化風險管理（如保險與緊急預備金），並開始為子女教育與購屋預備資金。

40～50歲

調整資產配置，提升資本效率，開始思考退休生活形態與財務自足計畫。

50歲以上

穩健收益為主，降低風險性資產比例，確保資產能支撐未來生活品質。

第二節　時間的價值與人生期望

這些階段性的策略並非絕對，而是提供一種以「時間作為設計軸」的思考方式。你也可以根據個人職涯、家庭與健康狀況調整節奏。

實務建議與行動練習

(1) 設定你的財務年齡對帳表：想像未來三個人生階段，30 歲、45 歲、60 歲，分別需要多少錢來支撐當時的生活？從目標倒推今天的儲蓄與投資行為。

(2) 啟動自動化機制：將每月收入自動分配為儲蓄、投資與支出，不再依靠意志力做選擇。

(3) 設定「時間換算預算表」：把每筆開支換算成「我需要工作幾小時才能負擔這筆消費？」這種方法能強化時間意識與消費反思。

(4) 建立年度「時間－金錢回顧週」：每年選一週檢視過去一年如何使用時間與金錢，並設定下一年度優化策略。

小結：把時間當作主資產，你會富得更踏實

真正的財富從來不只是資金數字，而是一種對「時間」有深刻掌握的人生能力。當你能將每一次選擇都視為時間的再配置，並且學會尊重時間、提早規劃，你所能創造的財富遠超出當下的收入與投資報酬。

第八章　從小錢變大錢：打造長期財富的心法

你可以從今天開始,重新定義「晚點再說」的習慣,轉而建立與時間同行的財務策略。當時間與你的行動方向一致時,複利會幫你完成財務目標,而非拉遠距離。

因為在理財世界裡,最不該浪費的資源,就是你每天都有卻無法回收的 —— 時間。

第三節　如何設定長期投資目標？

投資不是冒險，是一場長期的設計

許多人談到投資時，腦中浮現的是「買股票會不會賠錢？」、「基金是不是太複雜？」、「我沒有錢也不敢投資」這類想法。這些想法根植於我們對風險的不安全感，以及傳統教育中對投資的忽略。但事實上，真正的投資是一種行為設計，而非機會遊戲。若你能清楚知道自己要走到哪裡，投資將不再是焦慮來源，而是實現目標的橋梁。

長期投資目標的設定，不僅有助於理清資金用途、控制風險，更能幫助你在市場波動時堅持策略，不輕易受情緒驅使。正如心理學家亞伯特・班度拉（Albert Bandura）在其自我效能理論中所說：人們對自己是否能控制未來結果的信念，將影響其是否願意持續努力。而清晰的目標，就是自我效能的起點。

投資目標的三大核心架構：金額、期限與用途

設定長期投資目標時，應從三個問題出發：

◆ 我需要多少錢？（目標金額）

第八章 從小錢變大錢：打造長期財富的心法

- 我什麼時候需要這筆錢？（投資期限）
- 這筆錢要用來做什麼？（用途與風險容忍度）

舉例來說，一位 32 歲的上班族希望 45 歲時達成「財務半自由」，意思是工作可選擇、生活無貸款壓力。他估算屆時需要至少 800 萬元資產，包括儲蓄、投資與不動產淨值。他目前月收入 6 萬元，每月可投資 2 萬元，在年報酬率 6％的假設下，13 年後可累積約 789 萬元，幾乎達成目標。

這種從終點回推起點的「倒推法」（backward planning）不僅實用，也能增加行動明確度。只要確定目標，就可設定每月投入金額與資產配置策略。

用 SMART 原則優化你的投資目標設定

SMART 是一套廣泛應用於目標管理的原則，在財務規劃中同樣有效：

- S（具體）：不要說「我想要變有錢」，而是「我希望 10 年內存下 300 萬元創業基金」。
- M（可衡量）：設定可追蹤進度的具體數據，例如「每年增加投資金額 5％」。
- A（可達成）：目標要符合你的財務現況，不要設定「一年內存 100 萬」這種脫離現實的目標。

- R（相關性）：與你的人生價值相連，例如你若重視家庭自由生活，就不要設定高風險且高波動的資產組合。
- T（有時限）：每個目標都需設有明確時間點，例如「2028 年完成買房頭期款 200 萬元」。

透過 SMART 原則設定出來的目標更容易實踐，因為它們結合現實與動機，具有高度的可操作性與持久性。

不同目標、不同工具：投資配置才有價值

長期投資目標的設定必須與適合的金融工具搭配，才能有效發揮資產增值功能。選擇投資工具時，應考量風險容忍度、流動性需求與報酬期望。

- 短期目標（1～3 年）：如旅遊、進修、購車，應優先選擇低風險商品，如高利定存、貨幣型基金，保障資金安全。
- 中期目標（3～7 年）：如頭期款、轉職預備金，建議配置平衡型基金、債券 ETF 等具穩定現金流與適度成長的產品。
- 長期目標（超過 7 年）：如退休、財務自由，適合配置成長型資產，如股票型 ETF、全球指數基金、不動產或股票型基金。

第八章　從小錢變大錢：打造長期財富的心法

舉例來說，臺灣投資人常使用的「臺灣 50 ETF」與「美國 S&P 500 ETF」可作為長期資產配置的核心。若每月定期定額投入，不僅降低進場時點風險，也可透過時間拉長獲取市場平均報酬。

實務練習：製作你的「投資目標地圖」

你可以使用以下表格協助自己規劃與追蹤每一項長期投資目標：

目標名稱	需要金額	目標年限	月投入金額	建議投資工具	當前進度
旅遊基金	10 萬元	2 年	4,000 元	高利活儲／定存	45%
房屋頭期款	200 萬元	8 年	16,000 元	債券 ETF ／平衡型基金	35%
退休計畫	800 萬元	30 年	10,000 元	股票型 ETF ／基金	12%

定期檢視這張地圖（建議每半年一次），並根據市場與個人收入變動做出調整。你會發現，投資變得不再抽象或壓力重重，而是變成日常生活的一部分。

延伸策略：讓投資與人生規畫同步進化

人生計畫常常變動，職涯轉向、成家立業、生子或創業，這些人生事件都可能改變你的財務結構。因此，長期投資目標不應僅設定一次就不再更動，而應設計成「可檢視、可調整、可演化」的彈性系統。

舉例來說，一位 30 歲的工程師原本設定 40 歲退休，後來因健康變數改為 45 歲目標，並調整每月投資金額與資產組合。這樣的彈性調整是健康的理財表現，因為它代表你在與現實對話，並讓金錢服務於你真實的需求。

此外，也建議設定「中繼目標」，例如每 5 年設定一次資產里程碑，如「35 歲前累積 300 萬元投資資產」，此舉可提升自信與動力，並幫助你在長期過程中不失方向。

心態轉換：你是自己的財務設計師

成功設定長期投資目標的關鍵，不在於數學精算能力或市場預測力，而在於一個明確心態的建立：你是自己財務的設計師。這意味著，你不是在追隨市場或模仿他人，而是在設計一套與你價值觀與生活節奏相符的財務藍圖。

正如建築師需要藍圖與結構工程師的配合，理財也需要目標與工具之間的平衡設計。當你知道自己為何投資、投資

多少、投資多長，你就已經超越了大多數仍在觀望或臨時起意的投資者。

小結：把投資與人生連上線，財富才會持續前進

長期投資的價值從來不只在於資產成長，更關乎你是否越來越靠近你真正想要的人生。如果你想要的生活是自由、穩定、有選擇權，那麼投資就是你用來打造這個生活的工藝。

不要再等「市場穩定」、「收入提高」或「時機成熟」這些不確定的條件，而是先設下目標，再讓策略一步步帶你前進。你設定得越清楚，就越能承受過程的波動與挑戰。

投資的本質從來不是「賭」，而是「懂」。從現在起，學會設定屬於你的長期投資目標，讓複利、紀律與清晰的方向合力打造屬於你的財務自由藍圖。

第四節
積極 vs. 消極：不同階段不同策略

不同風格的投資策略，
其實取決於人生階段與資源分配

在理財領域，「積極投資」與「消極投資」經常被對立地看待，彷彿只能選邊站。然而，真正有效的財務策略並不是選擇一方到底，而是根據不同的人生階段、財務目標與風險承受度靈活調整。理解自己目前處於哪一個財務週期，才是擬定投資行動時最該優先思考的事。

積極策略通常強調資本成長、高報酬、主動選股與市場趨勢判斷；而消極策略則重視風險控管、穩定收益、長期持有與低交易成本。兩種策略在不同條件下各有優勢與限制，若能融合運用，將成為最貼近現實的小資理財模型。

積極投資：為年輕時的時間與風險承受力服務

年輕階段的你，有最多的資本不是錢，而是時間。這段人生時期，雖然資產較少、收入有限，但因為有時間緩衝市場波動的風險，因此相對適合採取較高成長潛力的積極投資策略。

積極策略可包含以下幾種實踐方式：

- 主動選股或產業輪動：針對特定產業（如 AI、生技、綠能）布局，掌握成長浪潮。
- 加碼高波動但高潛力的 ETF：例如新興市場 ETF、科技股 ETF，在報酬高峰期提高投入比例。
- 定期調整資產配置：根據市場趨勢與經濟循環調整投資組合權重。
- 採取槓桿策略（僅限高知識族群）：例如使用融資操作、槓桿型 ETF，但需嚴格風險控管。

以一位 26 歲的設計師江先生為例，他每月薪資 3 萬元，其中 1 萬元投資於主動選股與美股 ETF，5 年來平均年化報酬率達 12%。雖曾遇市場回檔，但因時間與穩定投入策略，資產總值仍翻倍。他強調：「年輕最大的優勢是輸得起，所以我選擇主動進攻。」

消極投資：當穩定成為更高優先順位

隨著年齡增長、家庭責任增加、生活目標轉變，風險承受力會逐漸下降，此時「保本」、「穩健」、「可預測」成為財務策略核心。這正是消極投資策略發揮優勢的時刻。

第四節　積極 vs. 消極：不同階段不同策略

消極策略通常具備以下特徵：

◆ 定期定額投資指數型基金：如 0050、VTI，長期持有，追求市場平均報酬。
◆ 增加固定收益資產比例：如債券型 ETF、優質公司債、公債等，提供穩定配息與低波動性。
◆ 減少交易頻率：避免過度進出市場所造成的手續費與稅負成本。
◆ 強化資產保護工具：包括保險、緊急預備金，與資產配置再平衡。

42 歲的補教老師林小姐表示，她年輕時曾熱衷當沖，但在經歷一波市場重挫後轉向消極投資，改以每月投入債券 ETF 與指數基金為主，3 年內投資組合年化穩定在 6% 左右。她分享：「我不求賺快錢，只求退休後能穩穩生活。」這種心態轉變即反映了階段變化帶來的理財策略重整。

判斷你目前適合哪種策略？從三個指標切入

想知道自己目前適合偏積極或偏消極的策略？可以從以下三項指標進行判斷：

◆ 年齡與人生階段：年輕、無家庭責任者適合較高比例積極策略；已婚、有子女或接近退休者則以穩健為主。

第八章　從小錢變大錢：打造長期財富的心法

- 風險承受力：可接受資產短期波動、不影響生活品質者較能應對積極投資；若情緒容易波動，則應偏向穩定配置。
- 資產規模與現金流穩定性：若目前資產尚小、收入穩定，適合用時間換取風險；若資產已達階段性目標，則可透過風險降低鎖住成果。

你也可以建立自己的「策略比重表」，如 60%資產採取消極配置，40%用於積極操作。隨著時間推進逐步調整，形成屬於自己的動態理財系統。

進階策略：積極與消極可以並存，不必非黑即白

在實務操作上，積極與消極投資策略並非非此即彼。聰明的投資者會根據不同目標進行混合配置，例如：

- 使用薪資的 20%投入股票 ETF（消極），10%做主動操作或高風險產業（積極）。
- 把短期目標（如 2 年內旅遊基金）放在穩定商品，長期目標（如退休金）則放手使用成長型工具。
- 把投資區分為「核心（core）＋衛星（satellite）」架構，核心採消極指數基金，衛星部分進行主動投資。

第四節　積極 vs. 消極：不同階段不同策略

這種靈活調整的思維，讓投資策略具備彈性，既不失進攻力，也有防守能力，讓資產在不同市場環境中皆能穩健成長。

小結：
策略是動態選擇，重點是符合你的人生節奏

投資不是考試，不需要標準答案。你不需要選擇成為「純積極型」或「絕對保守型」投資者，而應成為最了解自己人生節奏與需求的行動者。

隨著人生進入不同章節，你的策略也應該跟著變化。最好的財務系統，是能隨時檢視、靈活調整、與目標同步進化的系統。因為財富不僅僅來自「報酬率」，更來自你能否用正確的策略，走完這場屬於自己的金錢旅程。

第八章 從小錢變大錢：打造長期財富的心法

第五節　認識市場週期與心理週期

市場在循環，情緒也在循環：理性投資的最大敵人是你自己

投資市場表面上看似受經濟、利率、政策等外部因素影響，但實際上，人性的週期性情緒才是市場波動背後的重要力量。許多財務失敗並不是因為知識不足，而是因為在市場循環中做出錯誤的情緒反應。

知名投資人霍華·馬克斯（Howard Marks）曾說：「市場的波動，是由貪婪與恐懼交替主導的情緒擺盪。」如果我們無法辨識這些情緒週期，便容易在高點追漲，在低點殺出，錯失真正的報酬。

市場週期：從繁榮到恐慌的四階段結構

市場週期（Market Cycle）通常可以劃分為四個主要階段，每個階段都有其特徵與潛在風險：

1. 復甦期（Recovery）

經濟開始從低谷回升，市場氣氛仍保守，但領先指標改善，價值型資產開始回彈。

2. 繁榮期（Expansion）

經濟數據全面向好，企業獲利上升，投資人情緒高漲，股價持續上漲，估值偏高。

3. 過熱期（Overheating）

市場過度樂觀，價格脫離基本面，出現「永遠會漲」的錯覺，大量散戶進場。

4. 衰退期（Recession）

市場開始回檔，經濟指標轉弱，情緒轉為恐懼，出現拋售潮與資金外流。

這些階段雖無明確界線，但每一個循環背後都反映投資人情緒的高低起伏。

心理週期：你在市場中扮演哪一種角色？

投資心理學家指出，投資人往往不是依據邏輯決策，而是被「群體情緒」牽動，尤其在社群媒體與網路資訊發達的時代，這種「情緒共振」現象更為顯著。

以下是典型的心理週期循環：

- 希望（Hope）：剛進場，市場回升，看見機會。
- 樂觀（Optimism）：投資獲利，信心上升，開始追加資金。

第八章 從小錢變大錢：打造長期財富的心法

- 興奮（Excitement）：報酬超預期，自認眼光獨到。
- 狂熱（Euphoria）：「無論買什麼都會漲」的心態盛行，風險意識最低點。
- 焦慮（Anxiety）：市場開始震盪，不安出現。
- 否認（Denial）：對市場下跌視而不見，堅信只是短暫回調。
- 恐慌（Panic）：大量出場，造成跌勢擴大。
- 絕望（Despair）：認賠離場，不願再投資。
- 希望再現（Return to Hope）：市場回升，觀望氣氛重新出現。

這一整個情緒循環，正好與市場週期互為鏡像。了解這一點，有助於我們從旁觀者角度認知自己的行為傾向，避免在高點進場、低點退場的錯誤重演。

案例：從疫情後高點追進，到大盤回檔大虧

2021 年，臺灣散戶投資人數突破 700 萬人大關，許多人因看見臺股大漲與美股創新高，紛紛進場買進科技股與高波動 ETF。然而到了 2022 年，受升息、通膨與地緣政治影響，市場出現劇烈修正，許多在高點進場的投資人因此陷入短期虧損，甚至停損離場。

其中，一位 28 歲的軟體工程師張先生，在 2021 年上半

年投入 150 萬元資金至高成長型 ETF 與電動車概念股,短期內獲利 25%。但在年底至 2022 年第二季期間,市場反轉,他的投資組合跌幅超過 30%。因恐慌出場,他實現虧損近 40 萬元。張先生回顧當時表示:「我不是沒讀過理財書,而是情緒讓我在最不該動的時候選擇了動作。」

這個案例正是心理週期干擾財務決策的具體反映。

如何建立週期免疫力:四大策略幫助你穩定前行

1. 設立固定檢視週期,而非情緒判斷時機

如每月檢視一次投資部位,而非根據新聞或市場傳言立即調整。

2. 建立資產配置模型

將資產分成股票、債券、現金三類,並依目標定期再平衡,避免偏離風險承受度。

3. 使用自動化工具與定期定額

讓進場與加碼決策交給機制,而非依賴個人感覺。

4. 書寫「情緒日誌」

記錄每次市場波動時的感受與反應,幫助你辨識自己情緒模式,並建立「情緒與行動脫鉤」能力。

第八章　從小錢變大錢：打造長期財富的心法

這些策略將幫助你在市場週期高低起伏之間，穩住自己的步伐，不因群體焦慮而迷失方向。

小結：與週期共舞，而非對抗

市場與心理的週期都不會停止，它們就像潮汐、像四季，來去有序。我們無法控制市場起落，但我們能控制自己的反應。真正成功的投資人，不是預言家，而是能在週期變動中維持策略、尊重紀律的人。

你不必當最精明的操盤者，只要成為最冷靜的參與者。學會觀察週期、接受波動、練習延遲反應，長期下來，市場將成為你人生財務目標的最佳助力，而非敵人。

第六節
不賠錢的基本原則:控制風險

理財第一原則不是賺錢,而是「不賠錢」

「不賠錢」聽起來或許保守,但這正是許多財富穩定累積者的核心信念。投資大師華倫‧巴菲特(Warren Buffett)曾說:「投資的第一條規則是不要賠錢;第二條規則是不要忘記第一條。」這句話不是說投資不能虧損,而是提醒我們:成功理財的關鍵在於風險的控管,而非報酬的追逐。

對多數小資族而言,資源有限,容錯率不高,因此風險控管的重要性遠高於預期報酬。你不能決定市場,但你可以決定風險承擔方式與應對策略。

什麼是風險?不只是價格波動,更是生活破壞

一般人談風險,多數只想到投資價格的起伏,例如股票下跌、基金賠錢。但從財務生活的角度來看,真正的風險是這些變化是否會影響你的生活穩定、情緒健康與未來目標的實現。

第八章 從小錢變大錢：打造長期財富的心法

風險的形式可以包括：

- 資產價格波動（市場風險）
- 收入中斷（職涯風險）
- 突發支出（健康風險、家庭變故）
- 通貨膨脹（購買力風險）
- 心理波動（情緒風險）

只有當你能全面辨識這些風險，才能設計出真正穩健的財務架構。

小資族該如何進行風險評估？

風險評估的第一步，是認識自己的「風險承受力」，即在資產短期波動、收入變動或突發狀況下，你願意與能夠承受的範圍。

建議可以從以下三個面向自我檢視：

- 財務彈性：你目前的緊急預備金可支撐幾個月？有無高利負債？
- 情緒穩定性：你是否曾因投資虧損感到焦慮、失眠、甚至影響生活判斷？
- 生活穩定度：你的職業、收入是否穩定？是否有不可預期的家庭支出？

透過這三項自評後,你可以畫出個人「風險雷達圖」,幫助判斷資產配置應保守或進取。

控制風險的五大策略

1. 建立緊急預備金

最低 3 個月、建議 6～12 個月的基本生活費,存放於高流動性帳戶或貨幣型基金中。這是抵禦人生突發事件的第一道防線。

2. 多元分散投資

不要將所有資金放在單一商品、單一市場或單一貨幣中。舉例來說,可以在臺股、美股、債券、ETF、現金間進行配置。分散的目的不是為了提高報酬,而是降低單一市場崩跌對你的影響。

3. 設定停利與停損點

提前設定「虧損到幾％就停損」、「獲利到幾％就獲利了結」,並嚴格執行。這能避免情緒操控投資行為。

4. 保險規劃完善

風險控制不是只有投資本身,健康險、意外險、壽險與實支實付型醫療險,都是保障未來不確定支出的關鍵。

5. 設計資產配置比例

根據年齡與風險屬性調整「股債比」，例如「110 減去年齡法則」，若你 30 歲，建議股市比重為 80%、債券與低波動資產 20%。

案例：保守與積極交錯，風險失控的教訓

2022 年，35 歲的楊先生因為在網路社群看到許多「當沖致富」的成功案例，決定將自己辛苦存下的 60 萬元投入高槓桿商品如槓桿 ETF 與權證。他在短期內曾經獲利，但由於未設停損點，加上市場快速回檔，短短兩週損失達 30%，最後只得忍痛認賠出場。

事後他反思：「我從來沒想過，我真正的風險不是市場跌多少，而是我承受不了那種壓力與情緒。」這句話正是風險控制的核心：不是追求完全不虧損，而是讓風險在可以承受的範圍內發生。

心理學視角：損失厭惡與過度自信的雙重陷阱

行為經濟學中，「損失厭惡」（loss aversion）是指人們對損失的痛苦遠大於同等獲利的快樂。根據康納曼與特沃斯基的前景理論，損失帶來的心理壓力約為獲利的兩倍。

第六節　不賠錢的基本原則：控制風險

這導致許多投資人即使明知虧損，仍不願停損，反而不斷加碼「攤平」，陷入愈陷愈深的泥沼。同時，「過度自信偏誤」也讓人誤以為自己可以看對市場、反轉操作，卻忽略市場的不確定性。

控制風險的關鍵，是在制度層面限制人性偏誤的發生。因此，使用自動化工具、紀律執行再平衡策略、固定檢視報酬與虧損比例，都是對抗這些心理陷阱的有效方法。

小結：控制風險，才是讓財富成長持久的祕密

理財的第一步是「保本」，第二步才是「增值」。你若能讓資產避免一次致命損失，就等於為未來的財富增長建立了保護傘。控制風險不是放棄報酬，而是用穩定來換取可長可久。

從今天開始，請你不再問「我會賺多少？」而是先問「我最多能輸多少而不影響生活？」這個問題的答案，才是你真正適合的投資策略與財務系統的起點。

第七節　別追逐錢：讓錢來找你

錢不是你追來的，是你吸引來的

在多數人眼中，「變有錢」的方式就是更努力工作、增加收入、削減支出。然而，這樣的努力常常淪為無止境的追逐，不但讓人筋疲力盡，甚至忘了問：「這筆錢真的對我的生活有價值嗎？」

財務自由不只是數字的增長，而是創造一個讓金錢主動流向你的生活結構。這種結構不是靠省錢、省吃儉用建立，而是靠價值輸出與系統設計實現的。

如同企業家兼投資人納瓦爾・拉維肯（Naval Ravikant）所說：「不要追逐金錢，而要追求讓金錢追著你的技能與價值。」你若能創造獨特價值、建立持續收入管道、善用複利槓桿，財富就會像河流般自然流向你。

從「收入導向」到「價值導向」的思維轉換

多數小資族的財務行為模式是以「收入」為中心：加薪多少、接案多少、存下多少錢。但若這些收入來自一次性的時間交換或單點的努力，就會形成無法擴張的財務瓶頸。

你可以問自己：

- 我的收入是否完全來自勞力投入？
- 當我停止工作時，收入是否也停止？
- 我的專業價值是否能夠被系統化、複製化？

若你的答案偏向「是」，那你仍處於「追錢」的模式中。你應開始思考，如何從「一次性產值」轉向「持續性價值」。這樣的轉變，才是打造財務自由的長遠基礎。

三種讓錢主動靠近你的價值引力場

1. 建立可複製的技能與作品

寫作、設計、教學、程式開發等，都可以轉化為數位商品、課程、授權版稅。這類輸出一旦完成，就能在未來不斷為你創造被動收入。

2. 打造信任與影響力資產

不論是社群經營、內容創作、專業分享，只要能持續提供價值，就能在特定領域建立影響力，進而吸引合作、贊助與商機。

3. 投資現金流資產

如股息型股票、出租房產、配息型 ETF 等，這些資產能在你睡覺時持續為你產生收入，而不是靠你醒著才能工作。

第八章　從小錢變大錢：打造長期財富的心法

當你開始設計這些價值管道，你就不再需要每天「追錢」，而是讓錢來敲你的門。

案例：從社畜到擁有多元收入的自由上班族

吳小姐 27 歲時是補教英文老師，月薪不到 4 萬元。她發現自己時間被綁死、收入成長有限，開始利用晚上與週末時間經營英語教學部落格與 Podcast。她錄製了 40 集節目並建立 Email 名單，後來推出線上英文文法課程，第一期銷售收入即達 7 萬元。

現在她的收入來源包括：補教月薪、課程銷售、合作邀稿與 Podcast 廣告，總收入已超過原本的兩倍，且其中一半為可持續性收入。她分享：「我不再追錢，而是讓我累積的內容吸引錢來找我。」

這種價值吸引型財務模式，在臺灣愈來愈多創作者、自媒體與微型創業者中興起，顯示「吸引錢」的能力正逐漸取代傳統的「拚命賺錢」。

投資不是拼報酬，而是創造金錢的生態系

當你把錢當作工具，就會開始設計讓它有效運作的生態系統。這個系統包含：

- ◆ 自動儲蓄與定期定額投資機制
- ◆ 長期資產成長配置（如 ETF）
- ◆ 現金流與再投資循環
- ◆ 多元收入與價值輸出鏈

這些元素組成後，你不再需要每天盯盤或擔心通膨，因為整個財務系統已能自我增長。換句話說，你不再「管錢」，而是「建構讓錢運作的機制」。

小結：成為有價值的人，錢會主動靠近你

別再把賺錢看作是一場體力賽跑，而是設計一套金錢主動來找你的系統。當你有被需要的價值、有持續性的輸出、有穩定的資金流動，錢就不再需要追求，而是會成為你生活與理想的助力。

下一步，問自己：你現在做的每一件事，有讓未來的你更有價值嗎？你所累積的時間與技能，能否變成錢會喜歡靠近的磁場？

當你改變思維的那一刻，財富的流向也會開始改變。

第八章　從小錢變大錢：打造長期財富的心法

第九章
理財是自我成長的過程

第九章　理財是自我成長的過程

第一節　你賺的不是錢，是選擇權

理財的本質，是讓你不再被迫說「只能」

「我現在不能離職，因為沒存款」、「我只能租房，因為買不起」、「我想轉職但沒底氣」──這些我們口中常說的話，其實不是缺錢的證明，而是缺乏選擇權的警訊。真正的財務自由，從來不只是金額達標，更是一種「選擇的自由」。

理財的過程，其實是一場自我認識與成長的歷程。透過財務規劃與資產管理，我們學習如何從被動生活轉為主動選擇，從焦慮中找回秩序，從迷茫中確立方向。你不是為了賺更多錢而理財，而是為了讓自己不被錢綁住，進而選擇想要的人生。

理財的終極目標：財務選擇權

根據麻省理工學院行為經濟學者班傑明・基斯（Benjamin Keys）於 2021 年發表的研究，財務彈性愈高的個體，其人生滿意度與心理健康指數也愈高。他定義「財務彈性」為：在不影響生活品質的情況下，有能力選擇是否接受工作、變更居住地、照顧親人或進修等。

換句話說，錢只是選擇權的載體，不是目標本身。當你理財成功，不見得是財富數字驚人，而是你能自由選擇「是

否要做」,而非「只能這樣做」。

舉例來說,當你有半年以上的生活預備金時,你面對職場不合理要求或環境不佳時,可以有勇氣說不;當你已建立穩定投資現金流,你就可以選擇更有意義但收入略低的工作;當你已規劃好子女教育金與退休帳戶,你就有能力將更多資源投入生活品質。

案例:30 歲自由接案者的選擇權養成計畫

許小姐原本是一間行銷公司職員,工時長、壓力大,三年間身心俱疲。她不想繼續被薪水綁架,於是展開自己的「選擇權養成計畫」:

- ◆ 儲蓄率提升至 40%:將支出壓縮、搬回老家住兩年,每月定存與投資合計儲蓄近 1.8 萬元。
- ◆ 建立三年緊急預備金:存到 36 萬元後開始接案轉型,初期收入波動大,但生活不受限。
- ◆ 打造穩定接案管道:結合 IG 經營與舊客戶口碑,半年內接案月收入穩定超過全職時薪資,還有更多彈性。

她說:「我真正追求的不是不工作,而是『能選擇工作』。」這正是許多自由工作者背後隱藏的理財邏輯 —— 選擇權比收入數字更重要。

三種可量化的財務選擇權指標

（1）財務獨立月數：若停止收入，你的存款能支撐多久？建議設定目標為 6～12 個月。

（2）被動收入比例：每月可產生的被動收入／總生活支出。若超過 50%，代表你已有一定選擇權基礎。

（3）財務決策自由度：每月是否需依賴信用卡分期？是否可彈性安排支出？這些反映你對錢的控制感。

這些數據能幫助你評估目前財務彈性程度，也能成為你擬定中長期理財策略的依據。

心態轉換：從「匱乏思維」到「選擇思維」

理財的另一個轉捩點，是從「我不能失去錢」的匱乏恐懼，轉變成「我如何設計人生選項」的積極思維。

匱乏思維的表現包括：

- 過度節省，對任何支出焦慮
- 害怕投資，只願意存錢
- 對財務資訊抗拒，避免面對帳戶現況

而選擇思維的展現則是：

- 每一筆支出都是主動選擇，而非衝動或壓力下的反應

- 願意為未來價值進行當下投入,例如進修、保險、學習財務知識
- 建立財務系統與時間管理,逐步擴大可選人生範圍

改變思維才能改變行為,而行為才會帶來財務結果。這是自我成長中最核心的路徑之一。

小結:錢能買的不是自由,是更多人生可能

當你理財,請不要只問「我能賺多少?」,而要問:「我希望有哪些選擇?」金錢不應只是生存工具,更應是實現人生可能的槓桿。透過每月穩定的儲蓄、正確的資產配置與內在態度的轉變,你將不再只是為帳單工作,而是為未來的人生選擇鋪路。

當你真正擁有選擇權,你會發現理財從來不是一場對抗貧窮的戰爭,而是一場與自己和解、與未來握手的旅程。

第九章　理財是自我成長的過程

第二節
每個人都能當自己的財務顧問

財務顧問不是別人，是你自己思考的能力

過去我們習慣把財務問題交給專業人士解決，認為只有理財專家、基金經理或保險業務員才懂得怎麼「搞懂錢的事」。但事實是，最了解自己需求的人，是你自己；最有能力為你量身打造財務策略的人，也應該是你自己。

成為自己的財務顧問，不是要你取代所有專業知識，而是學會用清楚的框架來看待自己的金錢狀況、設定目標、做出選擇、評估風險。你不需要成為華爾街分析師，但你需要了解自己想過什麼樣的生活，這才是理財的起點。

你的財務顧問框架：觀察、整理、決策、行動

你不需要一套厚重的財報工具書，只需要四個關鍵步驟，就能開啟財務自主的路：

1. 觀察（Observe）

了解你目前的財務現況，包括收入、支出、債務、資產分布。使用記帳 App 或 Excel 做初步記錄，每月一次檢視。

2. 整理（Organize）

把資料分類，分出必需支出、彈性支出、儲蓄投資等，並找出哪些支出是「無意識習慣」，哪些是「價值對等」。

3. 決策（Decide）

依據人生目標與目前財務彈性，決定短期與中期的資金分配。此時需評估風險承受度、可投資金額與目標報酬率。

4. 行動（Act）

設定定期定額、自動扣款、保險配置與預算控管，並透過每月回顧做滾動修正。

這四步驟構成你成為自己財務顧問的基本架構，也是一套可重複、可優化的行動模型。

案例：從信用卡分期困境，到自主投資架構

33歲的陳先生原本有多張信用卡輪流分期使用，每月利息與最低應繳金額壓得他喘不過氣。他並非不努力，而是過去從未整理過自己的財務全貌。

2021年他參加朋友推薦的一場免費理財講座後，開始嘗試將自己財務「視覺化」，製作收支流程圖。他驚覺自己每月有超過30%的支出是重複訂閱與外送平臺使用。他採用「每月一次財務對話」機制，在Google表單中追蹤儲蓄率與債務總額。

第九章　理財是自我成長的過程

兩年後，他已償還完所有卡債，並每月定期定額投入 0050 ETF。他說：「以前我以為自己需要一個理專（理財專員），現在我覺得自己就是那個理專，至少對自己的錢是的。」

財商的本質是決策能力，不是財務背景

很多人誤以為理財需要專業背景，其實更多時候你需要的是：

◆ 決策時保持冷靜的心理韌性
◆ 對資訊來源的辨識與篩選能力
◆ 能把大目標拆解成月行動的規劃技巧

這些能力可以透過閱讀、寫作、反思與對話不斷練習與進步。學會設計自己的理財制度，才是真正走出依賴思維，進入自主掌控的關鍵。

建立你的「財務指導委員會」

你不必一個人走財務規劃的路。即便你當自己的顧問，也可以建立一個「虛擬顧問群」：

◆ 與值得信賴的朋友或伴侶每月討論一次投資與預算調整
◆ 追蹤 2～3 位財經作家或 Youtuber，當作外部觀點參考

◆ 加入小型社群,如 LINE 群組或 Telegram 頻道,定期交換理財心得

這樣的結構既保有主體判斷權,又能接觸多元觀點,避免單一資訊來源造成的偏誤。

小結:你的顧問就在鏡子裡

未來,你會發現不再需要「請別人幫我理財」,因為你已經擁有觀察現況、理清邏輯、採取行動、調整策略的能力。真正穩健的財務不是來自別人幫你選基金,而是來自你可以為自己做決定。

每個人都能當自己的財務顧問,因為真正需要的不是金融證照,而是一顆願意學習、願意實踐、願意面對真相的心。

第九章　理財是自我成長的過程

第三節　用閱讀強化你的財商思維

閱讀不是知識堆疊，而是思維升級

在理財的旅程中，許多人成為被資訊推著走的被動接受者，仰賴社群媒體、朋友推薦、業務員推銷，卻從未建立屬於自己的思考架構。閱讀，是脫離這個資訊依賴模式的最佳途徑。它不只提供知識，更幫助我們建立邏輯、培養批判力與延伸財務視角，成為真正具備「財商」素養的行動者。

根據 2020 年的一份調查，經常閱讀理財書籍或商業類刊物的個體，其平均儲蓄率為 20%，遠高於一般平均值 12%。這顯示閱讀與財務習慣之間，存在顯著正向關聯。

財商閱讀與「知識焦慮」的分界線

然而，不是每一本書都能強化你的財商思維，若選擇錯誤或目標不清，很容易陷入「知識焦慮」陷阱——讀得越多、越不敢行動。

解方是建立一套閱讀目標與分層策略：

- 入門理解層：建立基礎理財邏輯，如收支管理、預算分配、複利觀念。

第三節　用閱讀強化你的財商思維

- 策略應用層：學習資產配置、風險控制、保險規劃與現金流管理。
- 心理建構層：探索金錢觀、財務決策背後的行為心理與自我關係。
- 觀點擴展層：閱讀不同文化、產業與觀點下的財務架構，形成跨界理解能力。

透過這種層層進階的閱讀方式，你將不再追逐答案，而是學會自己思考問題與設計解方。

案例：從月光族到寫下第一本理財書

林先生過去是標準月光族，直到 30 歲才開始接觸第一本理財書《小狗錢錢》。他從中建立「儲蓄先行」的觀念，接著閱讀《富爸爸窮爸爸》、《漫步華爾街》與《有錢人想的和你不一樣》等書。

他開始每月寫閱讀筆記，整理各書觀點，並實踐其中方法：設定目標金額、記帳、投入 ETF。四年後，他不僅擁有超過百萬投資資產，還出版了自己的理財書，成為財商推廣者。他說：「閱讀讓我從只是想要變有錢，轉變成真的能掌握金錢的人。」

推薦書單：為你量身打造的財商升級讀物

以下為小資族量身推薦的閱讀清單，依難度與主題分類：

1. 入門理解層

《小狗錢錢》（博多・薛弗）：寓言形式傳達儲蓄與目標設定觀念。

《富爸爸窮爸爸》（羅勃特・T・清崎）：建立資產／負債邏輯與收入思維。

2. 策略應用層

《漫步華爾街》（柏頓・墨基爾）：投資策略入門與市場理性探討。

《我用 1 檔 ETF 存自己的 18%》（陳重銘）：臺灣實用的 ETF 入門書。

3. 心理建構層

《有錢人想的和你不一樣》（哈福・艾克）：金錢信念與財務習慣重塑。

《思考致富》（拿破崙・希爾）：目標、自律與致富心態建立。

4. 觀點擴展層

《窮查理的普通常識》(查理・蒙格)：跨領域投資哲學與邏輯思維訓練。

《原子習慣》(詹姆斯・克利爾)：養成財務好習慣的行動科學。

行動策略：打造你的個人財商閱讀系統

(1)每月選讀一本書：從不同層次挑選主題，避免只閱讀成功故事類。

(2)做筆記與整理架構：用手寫、心智圖或數位工具輸出重點觀點。

(3)每讀一本，行動一項：不強求全套實行，但至少落實一個觀念或技巧。

(4)建立閱讀同好社群：與朋友或社群平臺建立「財商讀書圈」，互相推薦與討論。

這些行動會逐漸構築你個人的財務語言系統，讓未來無論面對投資建議、金融新聞、保險商品或退休計畫，你都有能力用自己的方式理解與評估。

第九章　理財是自我成長的過程

小結：知識讓你富有，思維讓你自由

閱讀的價值不只在知識，更在於你是否能改變行為、升級思維。當你持續閱讀，就像持續投資自己，透過時間累積而產生「認知複利」。

一個能獨立思考的你，就是你最可靠的財務顧問、最佳的資產管理人，也是你邁向自由人生的最強助力。從今天開始，請讓閱讀成為你每月的固定投資，這將是你人生報酬率最高的一項資產配置。

第四節
建立財務習慣比一次獲利更重要

理財從來不是一次賺大錢，而是每次做對一點點

在投資社群或網路媒體上，我們常被「一次大獲利」的故事吸引：某人買進一檔飆股三天翻倍、某位朋友押中比特幣早期階段賺了上百萬。然而，這些故事往往只是冰山一角，背後更常見的是不為人知的失敗與回檔。

真正能走長遠的財務成功，來自於穩定可持續的「好習慣」堆疊，而非單一操作的高報酬。正如詹姆斯・克利爾在《原子習慣》中強調：「習慣就像複利，日積月累會產生驚人效果。」

建立財務習慣，不僅能提升財富數字，更能強化你面對金錢的情緒穩定度與決策品質。

習慣勝過技術的三個原因

(1)習慣更容易長期執行：投資技巧需要時間與機會，但良好習慣能穩定執行，例如每月固定儲蓄、定期檢視收支。

第九章　理財是自我成長的過程

(2) 習慣自動化減少情緒干擾：當儲蓄、投資變成「預設行為」，你就不會在月初思考「要不要存錢」這種問題，進而減少意志力消耗。

(3) 習慣能累積財務信心：每一次記帳、每一筆定期定額，都能建立對財務的掌控感，讓你對未來更有方向。

案例：理財失敗不是因為不懂，而是因為做不到

35 歲的葉先生曾在股市短期操作中獲利逾 30 萬元，卻在幾個月後全部回吐。事後檢討發現，他缺乏風險控管與紀律執行，情緒起伏大，未設定停利停損點。

相較之下，他的妻子每月固定存 10％薪水，並於 2020 年開始定期投資 0050 與美國 ETF。三年後，她的總資產比葉先生穩定得多，且心情未曾大幅波動。

這對夫妻的差異不在知識，而在習慣 —— 穩定的財務行為，遠比一時的財務靈感更重要。

建立財務習慣的五個具體做法

(1) 薪轉日自動分帳：每月薪資一入帳，立即自動轉帳至儲蓄帳戶、投資帳戶與消費帳戶，減少遺忘與任意支出。

(2) 每月 10 分鐘財務檢視：回顧當月花費、儲蓄、投資表現，養成與金錢對話的習慣。

(3)設定「金錢儀式」：例如每週五晚上檢查餘額、每月初設定本月財務目標，讓理財變成生活一部分。

(4)綁定欲望抑制機制：使用延遲消費法（如「放進購物車 48 小時後再決定」）避免衝動花費。

(5)建立財務任務清單：如年度保單檢視、資產再平衡、報稅、更新財務目標等，避免財務管理只憑印象。

這些行為若能重複一年，不僅能幫你提升資產，更會讓你對「理財這件事」產生自信與內在動機。

財務習慣會轉化為價值觀

當你建立財務習慣後，這些行為會逐漸內化成為你對生活的態度。例如：

- ◆ 從「買得起」轉向「這筆錢值不值得」
- ◆ 從「錢不夠用」轉向「資源如何再分配」
- ◆ 從「我怕投資」轉向「我先從小額開始了解」

這些轉變，不僅幫助你與金錢建立健康關係，也讓你在人生決策中更具彈性與韌性。

第九章　理財是自我成長的過程

小結：用習慣建構你真正的財務體質

一次性的暴利可能帶來短暫興奮，但只有長期習慣才能帶來穩定自由。你每天記的帳、每月設的預算、每年檢視的資產配置，都在一點一滴構築你未來的財務韌性。

不管你目前財務起點如何，只要你每天願意累積一點點，時間會用複利的力量還給你驚喜。從今天起，請選擇養成一個財務好習慣，這將是你通往自由人生的最穩固起跑點。

第五節　環境與朋友：不要輸在圈子

你不是孤獨地在理財，
而是在圈子裡被影響著行為

理財看似是個人選擇，但實際上，我們的金錢觀與消費行為，受到所處環境與交友圈深刻影響。你每月的支出方式、是否記帳、對投資的態度，往往來自你身邊的人說了什麼、做了什麼，而不是來自純粹理性思考。

行為經濟學家丹‧艾瑞利（Dan Ariely）曾指出，人類的財務決策經常受「社會參照點」牽引，也就是：你會根據周圍人的行為來定義什麼是「正常」的花費方式與理財邏輯。因此，如果你身邊的人都不記帳、天天滑手機買東西、薪水一進帳馬上花光，你要逆風而行的難度就會高很多。

這種影響不僅限於日常支出，還擴及投資行為。例如你可能從沒研究過 ETF，但因為同事都在談，於是開了戶、買了幾張；你本想長期投資，但朋友一喊出場就跟著賣。這些都是「圈內行為標準」在潛移默化中塑造你的財務決策。

第九章　理財是自我成長的過程

環境的隱形影響力：從生活型態到財務思維

試著回想這些問題：

- 你是否因為朋友都有新手機而提早換機？
- 你是否因為朋友圈都不理財而覺得「反正存不了錢就別想太多」？
- 你是否不敢說出自己想控制預算，怕被笑小氣？
- 你是否有過因為他人鼓吹，而買下你根本不了解的金融商品？

這些都是真實的「圈子壓力」。一個高消費、低儲蓄、投資焦慮的環境，會持續侵蝕你的財務穩定性。你也可能會因為「朋友都在買股」、「同事都在買ETF」就跟風，卻未思考這是否適合你的人生階段與風險承受度。

這種社交認同壓力經常讓我們失去財務自覺，過度在意他人的財富象徵，而忽略自己實際的經濟體質。例如有些人為了參與朋友的海外旅遊，不惜刷卡預借現金，或是為了在聚餐時看起來「出手大方」，而偏離預算行為。

案例：一場聚餐花掉一個月理財成果

林小姐是一名剛出社會兩年的工程師，月薪五萬，每月努力存下一萬五。某次老同學聚會選在高級無菜單料理，每人

份費用三千元,超出她原本的交際預算兩倍。雖然她一開始猶豫,但擔心被認為「不合群」,最後還是去了,並刷卡付款。

結果這筆支出導致她當月儲蓄中斷,甚至動用預備金補差額。她事後反省:「不是我沒錢,而是我不敢堅持自己原本的理財規畫。」這就是圈子的無形壓力,讓人做出違背長期利益的短期選擇。她後來開始嘗試以婉轉方式拒絕過高消費邀約,並邀請朋友參加低成本但高品質的活動,如郊區登山、料理聚會,不僅節省預算,也發現同樣價值觀的交友圈正慢慢形成。

建立正向財務圈:讓成長變得有依靠

與其強迫自己在負面環境中掙扎,不如刻意打造一個支持你理財價值的環境圈層:

1. 找尋理財對話的夥伴

一個可以談錢、不尷尬的朋友,遠比一個願意借錢給你的人重要。若能組成固定讀書會、記帳夥伴或投資成長小組,更能形成正向反饋。

2. 參與財務社群與學習平臺

如 Facebook 財商讀書會、Dcard 理財版、Telegram ETF 群等,不僅能學習新知,還能及時修正錯誤觀念。

3. 定期舉辦「理財對話日」

每月或每季一次與伴侶、家人或朋友討論理財現況與調整方向,把理財變成生活議題,而不是壓力來源。

4. 清理「毒性社交圈」

遠離常推銷、炫富、散播恐慌與焦慮的社交關係,將社交能量投注於與你價值觀一致的人。

5. 追蹤有價值的財經內容創作者

選擇信任、邏輯清晰、不賣夢的理財意見領袖,作為你財商成長的精神導師。

財務成長不是一人競賽,而是文化影響下的協作系統

研究指出,一個人身邊若有三位以上有穩定儲蓄習慣的朋友,他的儲蓄率平均比一般人高出 17%。當你處在一個願意談錢、尊重選擇、鼓勵學習的環境時,財務焦慮自然降低,行為也會變得穩定有方向。

這不是依賴別人,而是善用「環境槓桿」,透過集體氛圍強化個人行為。你會開始覺得談儲蓄不是俗氣,而是聰明;你會從別人的成功失敗中反思自己的策略;你甚至能透過群體挑戰、每月儲蓄賽等方式強化動力。

第五節　環境與朋友：不要輸在圈子

小結：你的理財圈，就是你未來的財富地圖

別讓「不好意思」與「怕被排擠」成為你理財成長的絆腳石。如果你希望財務獨立、生活自由，那你也應該有選擇建立支持你的圈子的勇氣。

從今天起，觀察你的社交環境，思考哪些互動是真正幫助你前進的？哪些只是讓你陷入虛榮或焦慮的循環？你不必孤單地理財，只要選對圈子，你的財務目標將不再遙遠。

建立財務友善圈，不只是為了省錢，更是為了打造一種與金錢和平共處、與未來並肩前行的生活模式。當你不再輸在圈子，你也就贏回了財務主導權。

第六節
財富自由不是終點,而是選擇權

財務自由的本質,不是退休,而是自主選擇的能力

許多人對「財務自由」的第一印象是退休、不工作、環遊世界,或是早上睡到自然醒、下午咖啡廳工作、晚上看電影。不少理財書與網紅也強調「FIRE」(Financial Independence, Retire Early)的概念,似乎達成某個金額門檻後,你就可以「從此不用再為錢煩惱」。

然而,在現實生活中,財務自由的核心從來不是「不工作」,而是「不必為了錢去做你不想做的事」。真正的財務自由,是一種選擇權 —— 你可以選擇是否工作、做什麼工作、與誰合作、在哪裡生活。你不被經濟壓力綁架,而能自由定義自己的人生。

重新定義「財務自由」:不是終點,而是起點

當我們把財富自由視為一種「達標」時,會將人生的幸福寄託在一個遙遠的數字。例如「我需要一千萬才能退休」、「我一定要有五棟房才能安心」,這樣的設定很容易讓人陷入無止

境的追逐與焦慮。

其實，財務自由更像是一個動態區間，是一種「足夠」的感覺，而非絕對的財產數字。當你的被動收入足以支撐基本生活開支，或當你擁有半年以上的緊急預備金且無高風險負債，你就已經進入了「選擇權財務自由」的初階段。

更進一步，當你可以自由選擇職涯方向、決定生活節奏、分配時間給自己重視的事物，你所擁有的就是「生活選擇自由」——這才是財務自由真正要帶給你的核心價值。

案例：從月薪族到時間自由者的選擇權進化

35歲的黃小姐，原本任職於一家公關公司，工時長、壓力大。雖然收入穩定，但她常覺得生活被工作擠壓，想換跑道卻擔心沒收入而不敢辭職。

三年前，她開始進行個人財務改革：

- 先存下一年生活費作為「轉職緩衝金」
- 每月定期投入高股息 ETF，建立被動收入
- 開始經營部落格與線上課程，培養未來副業

如今，她已轉為自由接案者，每週工作不超過 30 小時，收入雖不比過去穩定，但她說：「我擁有選擇要不要接案的自由。這不只是錢的問題，是人生感覺重新被我掌控。」

第九章　理財是自我成長的過程

這正是財務自由的真正模樣 —— 不是完全不工作，而是工作選項變多、時間分配變彈性、人生主導權回到自己手上。

建立個人化的財務自由進度表

想讓財務自由不再只是口號，你需要從現在就建立「個人選擇權指標」：

- 儲蓄率目標：設定每月儲蓄占收入的比例，建議至少 20～30%。
- 現金流比例：每月被動收入／生活支出的比值，越接近 100%，自由度越高。
- 財務自由日期：預估達成「基礎自由」與「完全自由」的時間點，並定期滾動修正。
- 資產配置策略：根據風險屬性設計投資組合，兼顧資本成長與現金流。
- 生活目標清單：把你想做、想體驗、想成就的事列成清單，作為自由的實踐指南。

這張進度表，不是為了製造壓力，而是讓你隨時能掌握自己與「想要的人生」之間的距離。

第六節　財富自由不是終點，而是選擇權

財富不是終點，是實現人生意圖的工具

正如心理學家馬斯洛在需求層次理論中所說，金錢本質上是一種滿足更高層次需求的工具——如自主、創造、自我實現。當你的財務基礎穩定後，人生焦點會自然從「生存」轉向「選擇」與「創造」。

這也就是為什麼很多達到經濟自由的人，仍然選擇工作，甚至投身教育、公益、創業等領域——因為他們有選擇的餘裕，可以用時間與金錢做更貼近自我價值的事。

小結：你追求的不是錢，而是人生主導權

財務自由不是某一筆錢存到的那一天，而是你在每一筆金錢行為中都能感受到「這是我自己選擇的」那一刻。

它不是終點，而是擁有「不再將就」的起點；不是標榜「我不用工作」，而是說明「我能自由選擇怎麼生活」。當你用這樣的角度重新理解財務自由，你會發現它離你並不遠。

你所需要的，不是一夜致富的奇蹟，而是一套讓你逐步靠近自由的財務架構，以及一種面對金錢、時間與人生的自主態度。

第七節
做時間的朋友，你會越來越輕鬆

時間不是敵人，而是你最強的理財盟友

許多小資族在開始理財時，常陷入「時間不夠了」的焦慮，彷彿理財只能靠快速致富、翻倍報酬、短期績效才能有效率地「追回失去的財務進度」。但這樣的觀念，其實忽略了理財中最核心的槓桿力量：時間。

你不是要與時間競賽，而是要與時間合作。當你學會用時間陪伴金錢成長，你會發現，理財變得更穩、更簡單、更無壓力。就像複利的本質──不是短時間爆發，而是長時間累積。時間是你在理財道路上最可靠的夥伴，也是唯一不需要成本卻能創造最大報酬的資產。

財務從容來自節奏，而非速度

我們都知道複利是致富的利器，但少有人能真正忍住時間的等待。在投資過程中，時間不僅幫你放大報酬，更幫你過濾情緒與雜訊。當你學會與時間同在，你就不會在市場震盪時失控操作、不會為了一時報酬犧牲長期安全感。

第七節　做時間的朋友，你會越來越輕鬆

舉例來說，一筆每月投入 5,000 元、報酬率 6％的定期定額基金，10 年後可能成長為 82 萬元，20 年後則有高達約 220 萬元的累積效果。若你焦急想加快速度、貪心追求短線獲利，反而可能因為市場波動而賠掉本金。

讓自己在理財上「慢一點」，是一種策略，也是一種自我保護。正如心理學家凱莉・麥高尼格（Kelly McGonigal）在研究自我控制時指出：「節奏感強的人更能做出長期對自己有利的選擇。」

這種節奏不僅讓你理財更穩定，也讓你更能感受到生活品質的提升。你不再為錢焦慮，而是知道每一天都在為自己的未來投資。

案例：不追求翻倍，只靠紀律累積的上班族

34 歲的陳先生是一位中學老師，月薪穩定但不高，剛開始投資時，他沒有選擇高風險高報酬的個股，而是每月固定投資 7,000 元進入債券 ETF 與全球股市 ETF。

儘管報酬不如同事炒股來得驚人，他五年下來總資產已累積超過 70 萬元。他說：「我不羨慕別人翻倍，只在意我的錢是否能穩定幫我增加自由度。」

他把每年資產成長視為「時間送給自己的一份禮物」，這種心態讓他遠離了焦慮與比較，更容易長期堅持，也更樂於

第九章　理財是自我成長的過程

與時間為伍。

現在的他開始規劃退休帳戶,並預計十年後轉為自由教學者。他深信,只要持續做時間的朋友,未來的選擇權就會越來越大。

理財其實就是「節奏管理」

當你在建立自己的財務節奏時,可以考慮以下幾個層次:

- 日節奏:設定每日不花錢日(No-Spend Day)、每天固定檢視一次帳戶餘額或記帳三分鐘。
- 週節奏:安排每週一次理財學習(閱讀、Podcast、YouTube)、整理一週消費類型與情緒狀態。
- 月節奏:設計「月檢討日」,每月初對上月收支、投資表現與財務目標進行檢查與調整。
- 年節奏:每年1月設定年度財務願景、6月進行中期調整、12月寫一篇「財務年終報告」。

這些節奏並非壓力,而是「生活感的財務紀律」,讓你不再靠衝動或情緒行動,而能與時間形成共振,逐步向你想要的生活靠近。

此外,也可以設計屬於自己的「理財節日」,例如生日設定一項年度財務挑戰,或在每年第一週安排「金錢儀

式」──一杯咖啡、一份帳目、一段自我對話，讓理財成為生活的慶典，而非負擔。

用時間累積的不只是錢，還有認識自己的能力

當你持續記帳一年，你會看見自己的消費習慣；

當你持續投資三年，你會理解自己面對波動時的心理反應；

當你持續學習五年，你會明白什麼才是適合你的理財方式。

時間給你的不只是財富數字的累積，更是自我掌握力的成長。這種成長會讓你面對人生的各種財務選擇時，更淡定、更明智、更有餘裕。

這種與時間共存的過程，也是一場與自己對話的旅程。你會漸漸察覺：

◆ 哪些支出真正讓你感到滿足？
◆ 哪些投資讓你心安而非緊張？
◆ 哪種財務行為讓你覺得安心、穩定？

這些答案，都不會從一次大獲利中得到，而是從時間的沉澱裡發現。

小結：時間會回報每一位願意與它合作的人

別羨慕那些看似一步登天的成功故事，也別小看你每天投入的三分鐘記帳、每月的一次投資、每季的一次閱讀。這些看似微小的行動，在時間的陪伴下，終將成為你生活的改寫力量。

讓時間成為你最穩的理財夥伴，而不是你焦慮的來源。你越早開始與它合作，就越能用更輕鬆的方式，走向財務自由與內在穩定的人生。

與時間成為朋友，是你走向財富與自我成長最溫柔、最穩定、也最可靠的方式。

第十章
打造你自己的財富藍圖

第十章　打造你自己的財富藍圖

第一節　你的夢想，需要多少錢？

夢想若不具體，就無法變成現實

許多人在設定理財目標時，會說：「我想財務自由」、「我想環遊世界」、「我想擁有自己的房子」。但當我們問：「你知道這些夢想需要多少錢嗎？」往往得不到明確答案。

財務目標若無法具體化、數字化，就難以成為可實踐的行動藍圖。夢想之所以遙遠，往往不是因為它太大，而是因為我們從沒認真計算它的成本。

根據 2022 年台灣金融研訓院針對 20～39 歲族群的調查，有高達 67% 的人表示自己有財務願景，卻只有不到 30% 的人實際寫下金額。這代表多數人對財務規劃仍停留在模糊期望階段，未將人生目標轉化為具體的金錢藍圖。

夢想的第一步，是量化

夢想的價值不在於它多偉大，而在於你能否用數字把它量化。

試著把以下常見夢想寫下並估算：

第一節 你的夢想，需要多少錢？

- 買房夢想：你想買哪一區？總價多少？頭期款與每月貸款額能負擔嗎？
- 旅遊夢想：你想去哪裡？一次預算是多少？預計何時成行？
- 創業夢想：需要什麼場地？設備？行銷費用？營運週轉金？
- 早退夢想：你希望幾歲退休？退休後每月生活費多少？預計活多久？需要準備多少退休資金？

透過這些問題的拆解，你會發現夢想其實不是「非達不可的目標」，而是可以被分期付款的願景。只要早點開始準備，你不需要賺很多，也能逐步完成。

案例：環島夢，需要多少錢？

27 歲的吳小姐是某科技公司的行政助理，每天朝九晚六生活規律，卻總覺得生活缺乏熱情。她從大學開始就有一個夢想：騎機車環島，但工作後卻遲遲未行動，總覺得「沒時間」、「沒錢」。

直到某天她真的動手查詢並計算環島費用：

- 騎車 14 天每日住宿與餐飲：約 1,500 元 ×14 ＝ 21,000 元

第十章　打造你自己的財富藍圖

- ◆ 油資與保養：約 4,000 元
- ◆ 雜支與緊急預備金：5,000 元
- ◆ 總計：3 萬元

　　她驚覺這金額並不遙不可及，於是開始制定「環島基金計畫」，每月自動轉帳 2,500 元存入專戶，一年後成功啟程。回來後她說：「夢想不是錢的問題，是我從沒把它量化過。」

　　這樣的案例在臺灣越來越常見。許多年輕人其實不是沒有夢想，而是沒有人教他們如何把夢想「定價」。

財務計畫的第一步：目標拆解與時間排序

　　當你有多個夢想時，最需要的是先拆解後排序。以下是一套可行的目標設計邏輯：

　　（1）夢想清單：把所有想完成的夢想列出，無論大小。

　　（2）金額估算：對每項夢想進行初步估價，可查詢市場資訊、諮詢他人經驗。

　　（3）期限設定：分為短期（1～3 年）、中期（3～7 年）、長期（7 年以上）。

　　（4）優先級排序：思考哪一個夢想對你目前最重要？有無時間性限制（例如年齡、家庭規劃）？

(5) 資源對接：你目前有哪些收入、資產可支援？是否可分期準備？有無投資工具可對應時間與風險？

這樣的五步驟，能幫助你從混亂的期待中找到秩序，從而產出一份個人的「夢想預算藍圖」。

夢想基金，不只是理財，是生活的動力儲蓄器

在設定夢想目標的過程中，我們也重新檢視自己的人生價值排序。這不僅是一種理性規劃，更是一種情感照顧。

當你每月為夢想存下一筆錢，就像是在對自己說：「我尊重我的渴望」。這筆錢帶來的不只是數字上的累積，更是一種對生活的期許與自我承諾。

夢想基金帳戶建議：

- 使用專戶或數位子帳戶（如 Richart、Bankee）獨立管理
- 可用有趣命名（如「巴黎咖啡帳」、「開店計畫」）強化連結感
- 每次匯款記得寫下用途與目標日，視覺化讓行動更有感

透過這樣設計，你將每天更有動力工作、理財、儲蓄，因為你知道這些努力有明確的方向。

小結：當夢想有了價格，就能成為行動計畫

不論你的夢想是 10 萬元的環島旅行，還是 1,000 萬元的提早退休，它都不是遙不可及的神話。真正困難的，不是資金，而是你願不願意動筆計算、動手計劃。

你的夢想，需要多少錢？這個問題的答案，將決定你接下來五年、十年、二十年的人生節奏與理財策略。請不要讓夢想永遠停在「如果有一天」的模糊語氣裡，現在就拿出紙筆、打開試算表，把夢想寫下來、拆開來、算出來。

你會發現，夢想不是太遠，而是太久沒被認真對待。

第二節　財富自由曲線設計法

讓財務自由不再抽象，而是可以描繪的曲線

許多人談到「財務自由」，腦中浮現的是一個模糊的狀態：不用為錢煩惱、可以提早退休、做自己想做的事。但這些願景若沒有具體化，最終只會變成空談。

「財富自由曲線設計法」的核心，就是將人生財務路徑圖像化，把你對自由的想像轉化為一條可以用時間、資產與現金流表示的曲線。這不只是理財工具，更是一種能讓你與未來對話的自我設計方法。

這條曲線不僅揭示你當下所處的位置，更幫助你制定接下來三年、五年甚至十年的策略節奏。它讓「財務自由」從模糊的理想轉為可以精算、可以分段實現、可以滾動調整的生活工程計畫。

第十章　打造你自己的財富藍圖

自由曲線的三大關鍵參數：資產、現金流、時間

這條曲線的設計，必須基於以下三個核心元素：

1. 總資產累積速度

你目前資產成長的斜率決定了自由曲線的傾斜程度。越早開始儲蓄與投資，曲線上升越快。若你每年資產成長率能維持在 10% 以上，五年內就能拉開與過去自己的明顯差距。

2. 被動收入比率

當你的被動收入（股息、租金、配息、版稅等）能覆蓋生活支出比例愈高，財務自由程度愈明確。當這比例達 60% 以上，你便已進入「生活選擇自主區間」。

3. 可支配時間長度

自由不只是錢，更是時間選擇權。當你每週可自由安排的時數愈多，表示你逐漸脫離金錢對時間的綁架，生活彈性提升，也表示自由度提升。

這三項指標可透過表格與圖表視覺化，建立你專屬的自由曲線成長儀表板。

案例：從20%自由到80%的生活彈性

30歲的何先生是網頁設計師，五年前開始記錄自己的財務進度。他將「自由」定義為每月不需靠主業也能支付基本生活費（約2.5萬元）。

初期，他僅有每月3,000元的股息收入（12%自由度），但透過定期投資與接案收入再投入，目前每月被動收入已達18,000元，實現了超過70%的生活自由度。他甚至設計了一張專屬的「自由進度表」，將每季資產淨值與自由比例視覺化。

他的自由曲線從斜率平緩到近兩年陡升，清楚反映了資產成長與時間掌控的交叉點。他說：「以前我以為自由是有一千萬，現在我知道，是每個月可以少工作一天開始。」

他更進一步計算「選擇成本」，發現當自由度突破65%後，他可以婉拒不喜歡的案子，選擇只接自己認同的設計專案。這不只是財務自由，也是價值自由的展現。

自由曲線的四個階段設計

1. 啟動期（0%～30%自由）

這是建立基本儲蓄與開始投資的階段，重點是現金流盤整與去債化。目標是能支應最低限度生活支出。

第十章　打造你自己的財富藍圖

2. 成長期（30%～60%自由）

逐步擴大投資金額、建立多元收入來源，包含副業、證券型資產與不動產配置。此階段是財務曲線加速拉升的黃金期。

3. 轉換期（60%～90%自由）

進入可選擇減少工作時數、轉換職涯軌道、實驗創業模式的階段。生活樣貌可以出現彈性調整，心理滿足感也顯著上升。

4. 完全自由期（90%～100%）

實現完全脫離工作依賴。此階段可全心投入熱情、家庭、旅行、創作、公益等「價值導向型人生內容」。自由不再是金錢問題，而是時間與意志主導的狀態。

你可以依據自己的節奏與風險屬性，決定停在哪一段、要花幾年走完一段，以及如何調整路徑與節點配置。

實作方法：如何繪製你自己的財富自由曲線？

（1）列出目前總資產與每月支出：建立起你目前財務現況的底圖。

（2）計算目前被動收入與其占支出比例：建立「自由比率指標」，初步估算目前自由度。

(3)預估未來三至五年投資報酬率與儲蓄比率：用保守預估進行財務模擬。

(4)繪製橫軸為時間、縱軸為自由比例（0%～100%）的曲線圖：每季更新一次。

(5)標注每階段目標與對應策略（如開始接案、換工作、調整支出）：每階段設一個視覺化標記，讓進度感成為動力來源。

建議使用 Google Sheet 或 Notion 進行記錄與圖形化，搭配每月「財務自由進度週」回顧計畫，讓這條曲線不只是紀錄，更是你與生活進行定期對話的媒介。

小結：用一條曲線，看見你未來的生活形狀

財務自由不是一個絕對數字，而是一條會隨著你的生活選擇持續變動的曲線。你不必等到完全自由才能享受生活，也不必等存夠錢才開始減壓生活。

讓這條曲線幫你設計過渡期、實驗期與享受期，把「我未來想怎樣活」變成「我現在知道怎麼規劃」。

從今天起，畫下你的第一條財富自由曲線，開始用視覺化的方法設計屬於你的人生路徑圖。每一筆儲蓄、每一次投資、每一個決策，都是在向那條曲線推進。你不再是被動等待自由降臨，而是主動設計自由人生的工程師。

第十章　打造你自己的財富藍圖

第三節　撐過五年，你就會看見未來

成長從不在一夕之間，但五年，會讓你看見全新的自己

在理財的世界裡，時間是一個神奇的濾網，它會過濾掉不穩定的策略、情緒化的操作與沒有方向的行為，最後留下的，是一個經得起考驗的財務系統與更成熟的你。

很多人問：「我需要多久才能看到理財成效？」事實上，三個月你可能會感受到習慣改變，一年你會看見儲蓄起色，但真正能看見命運拐點的，是五年。

多項臺灣財經媒體與學術機構的報告指出，持續進行理財規劃並維持穩定投資超過五年的族群，資產成長速度與風險控制能力顯著優於未具計畫性的新手投資者。不只是金額成長，更重要的是：五年後的你，已經具備了一套屬於自己的財務節奏與風險管理能力。

為什麼五年是一個關鍵區間？

1. 複利開始顯現力量

以每月投資 1 萬元、年化報酬 6% 為例，五年資產將近 70 萬元，這是從「微型資產」邁向「初級資產體系」的門檻。

第三節　撐過五年，你就會看見未來

2. 習慣開始變成自動駕駛

五年足以讓理財習慣從「需要努力記得」變成「無需提醒也會做」，例如每月記帳、定期檢討與分帳儲蓄。

3. 你會經歷一輪完整的市場循環

無論是股市高峰、低潮、利率調整或通膨壓力，五年足以讓你從理論派進入實戰派，強化心理素質與風險承受力。

4. 人生階段會出現轉換

五年間可能經歷職涯改變、成家、生子、搬遷或創業，每一項都讓你的理財需求與結構升級，這時有財務系統的人，行動更有彈性。

案例：五年前的儲蓄帳戶，如今是她的創業基金

陳小姐五年前還是百貨公司專櫃員，每月薪水不高、工時長，但她不想讓自己人生被困在固定薪資中。

她開始以「一萬基金計畫」為核心理財策略：每月固定提撥一萬元至投資帳戶，搭配每季調整 ETF 組合，並利用週末學習品牌經營與商品設計。

五年後，她儲蓄與投資總額突破 80 萬元，2024 年順利成立線上飾品品牌，不僅不需貸款，還擁有完整的財務規畫。她說：「五年前我只有一個想法，今天我擁有一間屬於自

第十章　打造你自己的財富藍圖

己的公司，全靠那段撐住的日子。」

這就是五年的力量——它讓你看見你真正的潛能，也讓你累積到可以轉換人生的資本。

五年理財挑戰：你能否撐過這些階段？

第 1 年：意志期

你需要大量自我管理來建立記帳、儲蓄、檢視資產的習慣，會出現懷疑與「這樣有用嗎？」的聲音。

第 2 年：模仿期

開始模仿別人成功經驗，追蹤財經 KOL、閱讀書籍，但也容易陷入比較焦慮與跟風錯誤。

第 3 年：調整期

你會發現市場不是照你想像走，開始修正自己的資產配置與生活開支分配，穩定性逐漸成形。

第 4 年：內化期

理財變成生活節奏的一部分，對數字敏感、決策有依據、不容易被外界擾動。

第 5 年：展現期

資產成長明顯、可支配金流提升，甚至開始啟動副業、家庭資源分配與更高層次的目標管理。

你只要撐過這五年，將不再是對金錢感到不安的人，而是一個能以策略規劃、穩健行動來主導自己人生的人。

小結：今天種下的紀律，五年後會長出你的自由

別害怕起步太慢，只要你願意讓理財變成日常，時間就會還你一個改變命運的機會。五年看似漫長，但它的累積效果將遠超你對「快速成功」的幻想。

從今天起開始記帳、從這個月起自動扣款、從這一季起檢視預算，然後給自己一個承諾：「五年後，我要成為那個能照顧自己、照顧家人、還能選擇生活方式的人。」

你撐得住五年，就看得見未來的你。

第四節　模擬你的未來資產淨值

從模擬開始，讓未來的財務狀況變得可預測

理財的終極目標，是幫助你打造一個能穩定成長、抗風險、支撐生活願景的財務體系。然而，大多數人對自己未來十年、二十年、甚至退休時的資產淨值並無概念，只知道「要存錢」、「要投資」，卻無法回答：「如果我照現在的方式做下去，十年後會變成什麼樣？」

這就是「模擬未來資產淨值」的重要性。透過一套簡單但有邏輯的預估公式與工具，你可以為自己設計出財務藍圖的可能走向，並據此做出更明智的選擇與調整。

為什麼你需要模擬？因為直覺會騙人

人類對未來的預測本就極度不準確，尤其在金錢與時間的交會點上，我們常常低估長期的累積力量。行為經濟學中「延遲折扣效應」告訴我們，人類傾向高估短期效益、低估長期成果，這也是為什麼明明知道複利強大，卻很少人能持續定期投資十年以上。

透過資產淨值模擬，我們能將抽象的未來量化，幫助我們克服這種心理偏誤。例如，你可能以為「每月投資 5,000 元

第四節 模擬你的未來資產淨值

應該不會差太多」,但當你實際模擬 20 年後的淨值,就會發現這是超過 200 萬元的差距。這種衝擊感,會轉化成強烈的行動動力。

模擬的基本公式與參數設計

模擬資產淨值其實不難,我們只需要掌握以下五個變數:

- 初始資產(P):目前擁有的總資產金額(包含現金、投資、房產淨值等)。
- 每月投入金額(M):固定每月存入或投資的金額。
- 預估報酬率(R):平均年報酬率,建議保守估計,股市建議 6%、債券 3%、整體投資組合可抓 4%～ 5%。
- 年數(Y):預測時間範圍,建議至少 10 ～ 30 年。
- 複利頻率:通常以每年計算一次,或以月複利更為精細。

計算方式可簡化為:

$$FV = P \times (1+R)^Y + M \times [(1+R)^Y - 1] / R$$

舉例:小偉目前資產 30 萬元,每月定期定額投資 1 萬元,報酬率 5%,預計投資 30 年。套用公式後,最終資產約為 870 萬元。

這筆數字不只是數學結果,更是他退休選擇權、未來生活彈性、人生自由度的基礎。

第十章　打造你自己的財富藍圖

案例：用 Notion 打造自己的財務模擬系統

葉小姐是一位 28 歲行政職員，薪資不高但理財意識強。她使用 Notion 製作財務模擬表格，設有以下欄位：

- 現有資產
- 每月投資金額
- 每年調整比率（考慮薪資成長）
- 報酬率設定（低／中／高三種情境）
- 預期目標資產值

她發現若報酬率維持 4%，則 15 年後她能存下 500 萬元，足以提早 10 年退休做手工藝創業。這份模擬表成為她每月記帳後的參考指標，讓她不再只看眼前薪資高低，而是以整體資產走勢來決定生活策略。

模擬的心理作用：讓你堅持下去的視覺支撐

當你有一條「預測曲線」在眼前，你就不容易被短期市場波動影響。每一次的存款、每一筆投資，都像是在往曲線上的目標前進，這會激發內在動力，也讓理財行為轉為長期規劃而非短期反應。

同時，資產模擬也能提醒你關鍵風險點，例如：

第四節　模擬你的未來資產淨值

- 報酬率若降低,目標年限需延長多少?
- 若中途失業一年,資產會下降多少?
- 若提早支取,會損失多少總資產?

這些資訊能幫助你設計風險對應計畫,例如建立緊急預備金、增加副收入、或購買適當保險。

小結:讓未來財富視覺化,是你今天行動的理由

「模擬」不是為了精準預測未來,而是讓你面對未來時更有方向感與行動感。

現在就打開一個試算表、Notion 模板或理財 App,輸入你的數字,試著描繪出 10 年後、20 年後的你,擁有多少資產、是否達成財務自由、生活是否多了選擇權。

每一筆投入,都會改變那條曲線的斜率;每一次堅持,都會讓你的未來更明亮清晰。從今天起,不只規劃現在,也請你設計那個你想成為的未來自己。

第五節　找出你的財務瓶頸

你的財務卡在哪裡，決定你能走多遠

在打造財富藍圖的過程中，多數人都會遇到某種程度的停滯感：明明努力記帳、儲蓄，也嘗試投資，但資產卻始終成長緩慢、目標總是遙不可及。這很可能是你遇上了「財務瓶頸」。

財務瓶頸就像人生道路上的窄口，它可能是一項不合理的消費習慣、一段不健康的金錢關係、一個未被察覺的風險漏洞，甚至是你內心對金錢的恐懼或逃避。唯有找出這些關鍵點，並設計策略解決，你的財務才有機會突破原地踏步的狀態。

常見的六種財務瓶頸類型

（1）現金流不穩定：收入波動大、支出無預算，導致無法穩定儲蓄與投資。

（2）高負債壓力：長期信用卡分期、學貸、房貸比過高，讓現金流緊繃、儲蓄力不足。

（3）無儲蓄紀律：有賺錢但存不住錢，缺乏儲蓄系統（如自動扣款、比例分帳）。

(4)投資報酬不穩定：頻繁操作、盲目追高殺低、缺乏策略與風險控管。

(5)生活成本過高：過度消費、不合理訂閱支出、對外在物質標準過高。

(6)財務決策混亂：缺乏中長期目標，憑情緒做決策，沒有檢視與修正制度。

這些瓶頸不會一次全部出現，但多數人在某一階段一定會遇到其中一項或多項。認清瓶頸並不丟臉，忽略瓶頸才會讓你在錯誤的軌道上走得更久。

案例：30 歲工程師的現金流困境與轉變

李先生月薪七萬元，卻常常月底就見底。他並不亂花錢，但檢視後發現他每月支出中有高達 35％ 是房貸與車貸，再加上 3 張信用卡循環利息，實際可支配現金僅剩不足兩萬元。

他開始調整：賣掉車子、停用其中兩張信用卡、將房貸延長兩年以降低月繳金額，並導入「60／20／20」現金流比例分配法（60％ 生活開支、20％ 儲蓄、20％ 投資）。一年後，他存下第一筆 10 萬元，也啟動了定期投資 ETF 的計畫。他說：「不是我沒能力理財，是我沒發現原來現金流壓力已經卡死了我的所有財務機會。」

第十章 打造你自己的財富藍圖

這就是瓶頸突破後的「現金流釋放效應」：只要關鍵一點鬆動，整個財務循環就會開始活絡。

三步驟檢測你目前的瓶頸點

1. 用 10 分鐘做資金流動圖

畫出你的每月收入流向，包括固定支出（房租、水電、貸款）、彈性支出（交通、娛樂、飲食）、儲蓄與投資比例。

2. 設定瓶頸雷達問句

我是否常用預支型消費（分期、信用卡循環）？

我是否有一年內從未完成一次完整的儲蓄計畫？

我的投資報酬是否經常不如通膨或大盤？

我的生活支出中，有沒有 10% 是我根本不需要的？

3. 列出三項可立即調整的策略

每月取消一項訂閱、改用現金支付一類消費、提高投資比重 2%、建立每月一次的財務回顧日。

這樣的檢測並不需要財經專業背景，只要願意誠實面對與記錄，就能讓你在短時間內看見財務改善的突破口。

小結:釋放瓶頸,才有機會加速

財務成長不是線性直線,而是階段性的躍遷。每一次瓶頸的突破,都會打開一個更寬廣的可能性空間。

不要害怕面對自己的財務問題,也不要急著解決所有問題。請從一個你最有把握的瓶頸開始鬆動,你會發現:原來不是你不會理財,而是你被一個不易察覺的習慣或架構綁住了。

當你願意釋放關鍵瓶頸,你就會迎來一條屬於自己的加速軌道。

第十章　打造你自己的財富藍圖

第六節　設計屬於你的財富策略圖

把策略變成地圖，讓理財不再只是抽象概念

當你已經設定好財務目標、找出瓶頸、建立模擬工具，接下來最重要的一步，就是把這些分散的資訊整合成一張清晰易懂的「財富策略圖」。這張圖將成為你與未來溝通的橋梁，是你的理財儀表板，也是你每一次做決策時的指北針。

「財富策略圖」的設計核心，在於把目標、時間、工具與行動整合在一個視覺結構中，讓你能一眼看出：

- ◆ 我目前在哪裡？
- ◆ 我的財務目標是什麼？
- ◆ 每個目標該在什麼時間點完成？
- ◆ 我現在該做什麼？

這張圖不僅能幫助你做長期規劃，也能協助你在短期行動中保持節奏與方向感。透過這種結構化設計，你可以更有效整合情緒、資訊與行動，讓理財不再雜亂無章，而是一種可以複製、優化與交付未來的思考模型。

第六節　設計屬於你的財富策略圖

財富策略圖的四個核心構面

1. 目標軸（Goal Axis）

列出你的財務目標，分為短期（1～2 年）、中期（3～5 年）、長期（5 年以上）。例如：旅遊基金、房屋頭期款、子女教育金、退休金等，並附上明確的金額目標。

2. 時間軸（Time Axis）

將目標按照時間順序排列，劃分年度與季節節點，將大目標拆解成可控小任務。例如：每季完成儲蓄 25,000 元、每月完成一次資產檢討。

3. 工具軸（Tool Axis）

對應每個目標的理財工具，例如：高利活儲帳戶、定期定額 ETF、債券型基金、不動產投資、儲蓄型保險、實支實付醫療險，並註明風險程度與流動性。

4. 行動軸（Action Axis）

列出你每週、每月、每季可執行的具體行動，包括儲蓄比例、投資金額、學習任務（例如閱讀一本財經書）、財務對話日（與伴侶或自己對話）、年終財務報告撰寫等。

這四軸串連起來後，你就能用一張圖把整個理財節奏與邏輯有系統地排列出來。這種視覺化的系統圖能幫助你在焦慮或迷失時快速「重新定位」，成為生活中的財務導航系統。

第十章　打造你自己的財富藍圖

案例：用「理財地圖法」從焦慮者變成行動者

林小姐原本是理財資訊焦慮型讀者，每週都看理財新聞卻從不敢下單，因為覺得資訊太多無法消化。後來她在筆記本上手繪出自己的「理財地圖」：

- 中心是五年內希望存到 100 萬元做創業基金
- 外圍分成四條線：月儲蓄進度、年度投資報酬率、固定開支控制、每季財商閱讀進度
- 每月都對照地圖做一次記錄與修正

她進一步把這張手繪圖轉製成 Google Sheet 版本，加入了自動化公式，例如「剩餘儲蓄目標金額／剩餘月分」會自動計算每月應儲金額，並與實際金額進行差異分析。

兩年後，她的總資產從 40 萬提升到 93 萬，儘管創業尚未啟動，她說：「我變得很踏實，因為我知道我每天做的事都和我的目標有關。」這種心理安定感來自於策略圖賦予她的結構支撐與行動確定性。

如何設計你的專屬策略圖？五步驟開始製圖

（1）列出你未來五年內的財務目標（建議不超過五項）：從「你想要的生活」出發，而不是「你該做什麼」出發。

(2) 將目標依時序排序並標注金額需求與期限：例如「2027 年達成環島基金 5 萬元」、「2030 年完成頭期款 80 萬元」。

(3) 對應每個目標設定理財工具與方式：標示 ETF、定存、債券等，以及每月固定投入金額。

(4) 為每個目標制定可執行的行動項目：設定「可追蹤」、「可複製」的微行動，如「每月初自動轉帳投資 5,000 元」、「每季整理資產配置一次」。

(5) 使用 Google Sheet、Notion、Miro 或紙本繪製圖形化版本：每季進行一次策略圖檢視與調整，讓圖與實際生活保持一致。

圖形不必複雜華麗，只要清楚直觀，並能與你日常使用的理財儀表板（如帳戶總覽表、預算表）結合，就能成為高效的決策與對話工具。

延伸建議：
與伴侶共用策略圖，建立家庭財務透明機制

如果你有家庭或伴侶，建議設計「共享版」策略圖：

- ◆ 使用共用雲端工具（如 Google Drive）建立版本
- ◆ 每月一次共同檢視與更新

第十章　打造你自己的財富藍圖

- ◆ 設定共同目標（如旅遊基金、教育基金、裝修費）
- ◆ 各自負責不同行動軸的任務，提升參與感與責任感

這不只提升財務管理效率，也增進家庭成員之間對金錢價值觀的理解與協調，是情感連結與財務成長的雙重工程。

小結：策略不是靠記憶，是靠結構

人生的變化難以預測，但當你擁有一套可以滾動修正、視覺追蹤、可被執行的策略圖，就能在混亂中保有理財秩序感。

策略圖的存在，就是讓你在面對焦慮、干擾與誘惑時，仍能堅定知道：「我現在該做的，是什麼。」它讓你的理財決策有憑有據，不再只是憑感覺選擇，而是憑系統行動。

設計你的財富策略圖，等於為未來的你準備了一張清晰的行動地圖。從此以後，不再迷航，而是每一步都走在你想要的軌道上。當這張圖從你手中誕生，你的財務藍圖也就不再只是夢，而是一個具體、實踐中的現實工程。

第七節　把金錢變成你人生的助力

金錢是工具，不是壓力；是助力，不是主宰

在理財的世界中，很多人誤以為目標是「擁有很多錢」，但真正成熟的財務觀念，從來不以累積資產為終點，而是問自己：「我想用錢去做什麼？」

錢若無方向，只會變成恐懼與焦慮的來源。只有當你知道如何運用金錢，它才會反過來支持你的人生目標、生活價值與心理平衡。這也是為什麼我們在最後一節，特別強調金錢的角色轉換——從壓力來源，變成你通往自由、意義與成就的真正助力。

用金錢支持你的價值觀，而非消磨你的自由

許多人賺錢後陷入另一種陷阱：無止境地追求更多，但卻無法感受到滿足感。這是因為金錢並未被導入對應的價值系統。例如：

- ◆ 你若重視自由，錢應該被用來換取時間彈性與職涯選擇權；
- ◆ 你若重視家庭，錢應該幫助你創造陪伴家人的品質時光；

第十章　打造你自己的財富藍圖

- 你若重視學習,錢應該成為你購書、進修、探索世界的投資工具;
- 你若重視健康,金錢應該協助你規律運動、均衡飲食與建立可持續的生活節奏;
- 你若重視人際與社會影響力,錢可以成為你進行公益、支持議題或創造社會價值的媒介。

當金錢的使用方式與內在價值一致時,它會提升你的人生滿足感,而非造成焦慮與匱乏。金錢的意義從來不是「多」,而是「對」。對方向、對時間、對狀態。

案例:從儲蓄焦慮者到生活策展人

楊小姐原本是科技業 PM,月薪八萬元,每月儲蓄率高達 40%。表面上看來,她是理財模範生,實際上她活得非常焦慮。她不敢旅行、不敢聚餐,甚至為了存錢壓縮了所有興趣與生活品質。

直到某天她因工作過勞住院三天,才意識到:「我存錢的方式正在消耗我的生活。」她重新設計了財務規劃,設定「生活願景基金」:每年編列 5 萬元做為旅行、手作課程、進修課程的預算,並設計了「金錢三分法」原則 —— 基本生活、長期儲蓄、自我滋養。

第七節　把金錢變成你人生的助力

她甚至設立了一個「快樂帳戶」，將每月收入的5%自動撥入，用於純粹讓她感到快樂的消費——音樂會、插畫課、與朋友小旅行。她說：「這筆錢花出去時，我從不感到罪惡，因為我知道它在幫我更接近理想生活的模樣。」

一年後，她雖然總資產成長速度放慢，但她說：「我感覺人生的豐富度提高了，我終於讓錢來幫我過生活，而不是我拿生活換錢。」

三個讓金錢成為助力的行動設計

1. 建立「金錢使用價值表」

寫下你最重視的五個價值觀，再檢視上個月的支出是否與這些價值吻合。每一筆與價值一致的消費，都是對生活的強化與肯定。

2. 設計「自由支出帳戶」

每月撥出固定金額做為無罪感消費用途，例如：進修、療癒、藝術、旅遊。這筆錢不必投資，而是投資在你自己。這樣做能強化你的自我肯定，也讓你更有動力維持長期理財紀律。

3. 每季一次「金錢與人生檢視日」

設計一份「我用錢創造了什麼」的年表,記錄你如何用金錢創造價值、意義與選擇權,而非只記得收入與支出數字。這不只是財務紀錄,也是生命的自我敘事。

額外行動建議:

- 加入一個「有意識消費」社群或讀書會
- 為自己每年設計一份「價值願望清單」並安排預算支應
- 以月為單位編列「價值消費分類」而非「商品項目分類」的預算(如:學習類、社交類、健康類)

這些設計會慢慢讓你理解:財務不是冷冰冰的工具,而是一種生活策展的媒介,是你設計人生場景的最佳輔助。

小結:
你不是為了錢而活,而是讓錢為你助力而活

理財的最終目的,不是變得富有,而是變得自由、安心、有選擇。當金錢被妥善安排,它會讓你有更多能力去愛人、去學習、去冒險、去療癒、去創造——這些才是人生真正的重心。

回顧你所學的所有財務工具與策略,請記得:你不是要成為理財機器,而是要成為那個能讓金錢轉化成自己人生

第七節　把金錢變成你人生的助力

助力的創造者。金錢不會自動讓你幸福，但它可以讓你更有空間選擇幸福的方式。你是金錢的使用者，而不是金錢的附屬。

所以，下一次當你存下一筆錢、賺到一份額外收入、規劃一份預算，請你不要只問：「我該怎麼理財？」也請記得問：「這筆錢能幫我靠近什麼樣的生活？」

當這兩個問題合而為一的那一刻，你的理財能力，已經不只是數字上的進步，而是人生深度的全面提升。

國家圖書館出版品預行編目資料

小資起手式，職場小白也能學會的投資術：用ETF、預算管理與收支平衡，擺脫月光焦慮，建立穩固財務體質 / 遠略智庫 著. -- 第一版. -- 臺北市：財經錢線文化事業有限公司, 2025.07
面；　公分
POD版
ISBN 978-626-408-316-4(平裝)
1.CST: 個人理財 2.CST: 財務管理 3.CST: 投資
563　　　　　　114009010

小資起手式，職場小白也能學會的投資術：用ETF、預算管理與收支平衡，擺脫月光焦慮，建立穩固財務體質

作　　者：遠略智庫
發 行 人：黃振庭
出　版　者：財經錢線文化事業有限公司
發 行 者：崧燁文化事業有限公司
E - m a i l：sonbookservice@gmail.com
粉　絲　頁：https://www.facebook.com/sonbookss/
網　　址：https://sonbook.net/
地　　址：台北市中正區重慶南路一段61號8樓
8F., No.61, Sec. 1, Chongqing S. Rd., Zhongzheng Dist., Taipei City 100, Taiwan
電　　話：(02) 2370-3310　　　傳　　真：(02) 2388-1990
印　　刷：京峯數位服務有限公司
律師顧問：廣華律師事務所 張珮琦律師

-版權聲明-

本書作者使用AI協作，若有其他相關權利及授權需求請與本公司聯繫。
未經書面許可，不可複製、發行。

定　　價：420元
發行日期：2025年07月第一版
◎本書以POD印製